聚心法则

张明晴　编著

群言出版社
QUNYAN PRESS
·北 京·

图书在版编目（CIP）数据

聚心法则 / 张明晴编著 . -- 北京 : 群言出版社，2025. 5. -- ISBN 978-7-5193-1104-9

Ⅰ. C933-49

中国国家版本馆 CIP 数据核字第第 20259JR351 号

责任编辑：周连杰
封面设计：仙境设计

出版发行：群言出版社
地　　址：北京市东城区东厂胡同北巷 1 号（100006）
网　　址：www.qypublish.com（官网书城）
电子信箱：qunyancbs@126.com
联系电话：010-65267783　65263836
法律顾问：北京法政安邦律师事务所
经　　销：全国新华书店

印　　刷：三河市冠宏印刷装订有限公司
版　　次：2025 年 5 月第 1 版
印　　次：2025 年 5 月第 1 次印刷
开　　本：710mm × 1000mm　1/16
印　　张：8
字　　数：110 千字
书　　号：ISBN 978-7-5193-1104-9
定　　价：59.80 元

前言

聚心法则，现代社会的生存智慧

揭秘人心的奥秘

在这个纷繁复杂的世界中，人类的心灵如同宇宙中最深邃的黑洞，既神秘莫测又充满吸引力。我们每个人都是自己心灵宇宙的探索者，试图理解他人的心思，渴望被理解，同时也希望能够影响和连接周围的人。事实上，人心并非不可捉摸，通过细致观察、深度思考和有效沟通，我们可以揭开它的面纱，洞察其内在的逻辑与情感。

本书旨在为读者提供一把开启人心之门的钥匙。它不仅是一本心理学指南，更是一部人际交往的手册。本书将带领读者深入探讨人类行为背后的心理学原理，解析情绪波动的原因，以及如何运用这些知识来建立更加和谐的人际关系，凝聚人心，并提升自己的领导力。

情感，是人心最直接的表达方式。掌握倾听与共情的艺术，能够让人们在人际交往中建立坚实的信任基础。在本书中，我们将探讨如何培养同理心，理解他人的感受，并有效地表达自己的情感，从而在人与人之间架起一座情感的桥梁。

眼神、微笑、肢体语言……这些都是非言语沟通的重要组成部分，它们往往比言语更能真实地反映一个人的内心世界。学习、解读并有效运用这些非言语信号，可以帮助我们更好地理解他人的真实意图，同时也能提升个人魅力，增强说服力。

同时，一个人想要扩大自己的影响力，固然可以依靠权力或地位，但对人性深刻的理解和尊重才是扩大影响力的终极策略。在本书中，我们将探讨如何通过正面的激励、巧妙的引导和适时的认可，来激发他人的积极性，促进合作与共赢，实现真正意义上的“领导力”。

在我们的日常生活中，冲突在所难免，关键在于如何处理。有效的冲突管理不仅能化解矛盾，还能加深彼此的理解与信任。在本书中，我们将提供一套实用的策略，帮助你在冲突中寻找共识，化干戈为玉帛。

人心的奥秘，归根结底是对自我和他人的深刻理解。通过学习本书，我们希望能够激发你内心的探索精神，鼓励你用更加开放且包容的心态去面对每一次人际交往，让每一次对话都能产生心灵的触碰，从而达成更深层次的理解与共鸣。

记住，人心虽复杂，但并不遥远。只要我们愿意倾听、理解、尊重，就能在人与人之间勾勒出一幅幅美丽且和谐的画面。让我们一起踏上这场探索人心奥秘的旅程吧!

从零开始的聚心之旅

现代社会，资讯发达，人与人之间的相互连接和互动交流方式发生了巨大的改变，聚心法则已超越简单的社交技巧层面，成为职场人生存与发展的核心能力。作为群居动物，人类的进化史本身就是一部“合作与竞争”相互交织的编年史。我们的祖先为了生存和繁衍，在草原上狩猎、采集时，就学会了依靠群体的力量。这种群体智慧和协作精神，不仅帮助人类克服了无数艰难险阻，也奠定了社会结构的基础。

从进化学的角度看，能够理解并影响他人情绪和行为的能力，是一种适应性优势。那些擅长赢得人心的个体，往往能够在群体中获得更多的资源、支持和保护，从而提高生存率和繁殖成功率。这一原则，在现代商业社会中同样适用。无论是职场上的升迁，还是创业路上的伙伴选择，那些能够理解并满足他人需求的人，更能够组建高效的团队，也更容易实现共同的目标。

一、揣摩人心，构建团队

在现代社会，揣摩人心已不仅仅是为了获得个人利益，更是为了创建一支强大且有凝聚力的团队。领导者理解团队成员的需求、动机和恐惧，可以更有针对性地激励他们，激发他们的潜能。领导者通过展示同理心，给予团队成员适当的赞赏和认可，可以增强团队成员的归属感和忠诚度，使团队更加稳固，工作更加高效。

二、自由发挥，创造共赢

揣摩人心不是操纵或利用他人，而是在相互尊重和理解的基础上建立的一种共赢策略。这意味着在追求个人目标的同时，也要考虑到他人的需求和福祉。真正的领导者，是那些能够激发团队成员潜能，同时确保每个人都能够在团队中找到价值和成就感的人。

三、诚信为本，信任为基

在构建团队的过程中，诚信是基石。没有诚信，任何关系都无法长久。诚实、透明的沟通能够快速地建立信任，而信任是任何团队成功的核心。只有团队成员彼此相信，他们才会更愿意承担风险、共享成果、共同克服挑战。

四、共同愿景，凝聚力量

拥有共同的愿景和目标是团队凝聚力形成的关键。当每个人都能看到自己的工作如何贡献于更大的蓝图时，他们会更富热情，更加投入。共同的愿景像磁铁一样吸引着团队成员，使他们形成向心力，即使面对困难也不会轻言放弃。

从零开始的聚心之旅，是一条充满挑战与机遇的道路。它要求我们不断学习，理解人性，培养同理心，以及以诚信为基础构建人际关系。当我们掌握了这门艺术，就能够组成强大的团队，实现个人与集体的共同繁荣。在现代社会，这不仅仅是一种生存之道，更是一种引领未来的力量。

目录

CONTENTS

聚心法则

第一章

布局与谋略

——职场的生存之道

1.1

职场中的隐形规则：谁才是真正的玩家

在职场这个充满竞争与合作的舞台上，权力的定义远远超越了表面的头衔与地位。真正的影响力往往潜藏于人心深处，由那些理解并善用人性微妙之处的智者所掌控。他们并未出现在聚光灯下，而是在幕后布局，悄无声息地改变着游戏的规则。那么，谁才是真正的玩家？让我们来一探究竟。

职场的权力金字塔，从表面看是以职位的高低划分层次，但实际上，真正的权力核心往往围绕着那些能够洞悉人心、掌握人心的人。这些人未必身居高位，但他们深知如何倾听、如何理解、如何满足他人的情感与需求。在他们手中，权力不再是一种冰冷的工具，而是建立在相互信任与尊重基础上的桥梁。

在此，举一个例子帮助大家理解。

在一家知名科技企业内，权力与影响力的对比鲜明地体现在两位管理者身上：一位是公司的总经理高峰，另一位则是某部门经理李明。尽管高峰的职位是总经理，但他在实际操作中发现，自己对团队的号召力远不如预期，布置的任务常常难以得到积极响应，团队士气低迷，工作效率低下。相比之下，李明虽是一名部门经理，但是团队成员对他十分信服，展现出极强的执行力，因此他的项目总是能够顺利完成。为何会出现如此截然不同的局面呢?

高峰是一位在行业内享有盛誉的专家，他的专业技能无可挑剔，但在领导力方面存在缺陷。由于长期处于高层决策位置，他与一线员工的接触较少，对团队成员的个人需求、性格特点以及职业期望了解不足。因此，在布置任务时，他往往采用自上而下的命令式管理，忽略了团队成员的参与感和认同感，导致指令执行效率低、团队凝聚力弱。

而部门经理李明自入职以来就深耕于基层，他深知每一位团队成员的优点与缺点，了解他们的职业抱负和个人生活情况。他采取了一种更为人性化和参与式的管理风格，不仅关注工作任务的完成，更注重团队成员的成长与发展。

一、倾听与共情

李明定期与团队成员进行一对一的沟通，倾听他们的想法和困扰，设身处地地理解他们的处境，这让他赢得了团队成员的信任和尊敬。

二、个性化激励

李明根据每个团队成员的特点和需求，提供个性化的激励措施，无论是职业培训、晋升机会还是个人关怀，他都让团队成员感受到被重视和尊重。

三、共同目标

李明擅长设定明确而具有吸引力的团队目标，让每个团队成员都明白自己的工作对于整体目标的意义，从而提高团队成员的积极性和归属感。

四、公平公正

在分配任务和奖励时，李明始终坚持公平公正的原则，确保团队内部的竞争是良性的，每个人的努力都能得到相应的回报。

五、团队建设

他重视团队氛围的营造，通过团建活动和非正式聚会，加强团队成员之间的联系，培养团队精神。

通过以上五点做法，李明在团队中成了“灵魂人物”，在带领团队成员完成工作时令出如山，一呼百应，这才是真正的影响力和权力。

总经理高峰的权力主要来自其职位和公司赋予的资源控制权，缺乏有效的影响力，使权力显得空洞无力。李明的影响力则源自他对人心的深刻理解、对团队成员需求的精准把握，以及建立在互信与尊重基础上的领导风格。这种影响力使他能够在没有高级职位光环的情况下，依然能够带领团队达成卓越的业绩，甚至在换工作时，团队成员愿意跟随他一起转移阵地，这证明真正的权力来自人心的凝聚。

这个案例生动地展示了职场中权力与影响力的本质区别。职位可以赋予人一定的权力，但真正的影响力来自领导者能否理解并满足下属需求，建立基于信任与尊重的领导关系。这提醒我们，无论职位高低，只有能洞察人心、赢得信任并在团队中建立良好关系的领导者，才能在职场中拥有真正的影响力。

职位带来的权威可以让人暂时服从，真正的影响力却是建立在个人魅力、专业能力和道德品质之上的。一位优秀的领导者，即便在组织架构中处于较低的位置，也能凭借其人格魅力和专业素养，成为团队中的“灵魂人物”，引领团队方向、激发团队潜力。

在职场的“权力游戏”中，真正的“玩家”懂得如何构建广泛的网络，与不同背景的人建立联系，形成互利共赢的局面。他们明白，单打独斗的时代已经过去，只有通过合作，才能在复杂的职场生态中立于不败之地。这种合作精神，让他们在职业生涯中不断攀升的同时，也为他人创造了成长的空间。

在职场的“舞台”上，真正的“舞者”或许并不总是站在聚光灯下，但他们的影响力无处不在。他们在理解人心、建立信任、展现魅力、布局战略和构建网络的过程中，就已悄然改变了游戏的走向。在这个过程中，他们不仅赢得了个人的成功，也为团队乃至整个组织带来了持久的价值。权力的背后，是智慧与人性的博弈，而真正的玩家，正是那些能够驾驭这两者的高手。

1.2

打造个人磁场：吸引他人主动靠近

在职场的广阔天地中，真正的领导者不是那些拥有权威头衔的人物，而是那些能够吸引并凝聚团队力量的“灵魂人物”。他们就像一块磁石，拥有独特的个人磁场，身边的人会不由自主地被吸引，围绕在其周围。那么如何成为这样的人物呢？以下六点是构建个人磁场的关键要素。

一、技术能力：专业过硬，树立威信

在任何领域，技术能力都是基础。一位精通业务、能高效解决问题的领导者，自然能够赢得团队成员的尊重与信赖。不断提升自己的专业水平，成为团队中的知识标杆，这是建立个人磁场的首要条件。

卓越的领导者并非天生，他们的领导才能往往植根于领域内深厚的专业知识与丰富的实践经验。

一位在行业内耕耘多年的资深律师，他将诸多事务性工作，如证据搜集、案情梳理等，放心地交给了团队中的年轻律师和助理。然而，这并不意味着他退居二线，相反，他的存在就如同团队的定海神针，以其过硬的专业能力，为团队指引方向。

当团队成员将一份份案件材料呈上后，这位律师只需浏览片刻，便能迅速抓住案件的关键所在。他能一眼看出证据链的缺失，准确判断哪些环节需要强化，哪些细节值得深挖。这种能力，不仅源于他多年的法律实践，更得益于他对法律条文的深刻理解，以及对案件分析的敏锐洞察力。

面对下属提交的工作，他不会仅仅指出错误，而是会进一步引导，教会他们如何从不同角度审视案件，如何运用法律理论结合实际情况，提出更具说服力的论点。这种指导，既是对专业技能的传授，也是对团队成员批判性思维的培养，使他们在未来的案件处理中能够更加独立和自信。

团队成员对这位律师的敬佩，不仅仅因为他令人折服的专业能力，更在于他对待团队成员的态度。他尊重每一个人的付出，鼓励他们提出自己的见解，即便在面对错误时，也能够给予建设性的反馈，而不是简单的批评。这种信任与尊重，营造了一种积极向上的工作氛围，激励团队成员不断进步。

如这位资深律师一般，优秀领导者的领导力并非空洞的概念，而是建立在扎实的专业基础之上，通过丰富的实践经验锤炼而成。他们不仅能够准确判断并指导团队工作，更能以身作则，成为团队的精神支柱。在他们身上，我们能够看到专业能力与领导艺术的完美融合，这正是他们能够带领团队不断前进，获得事业发展的关键所在。这样的人，自然而然会吸引别人主动靠近。

二、前瞻性眼光：引领未来，成为领头羊

拥有前瞻性的思维，意味着你能洞察行业趋势，预见未来的发展方向。这样的领导者，往往能在关键时刻做出明智决策，带领团队抢占先机，成为行业的领跑者。前瞻性的领导者，是团队信心的来源，能够激发成员的创新与激情。

在一个快速发展的餐饮连锁企业里，年轻的 CEO 张伟以前瞻性思维著称。当大多数同行还在专注于传统的快餐模式时，张伟已经注意到了健康饮食的市

场趋势，并决定调整菜单，引入更多新鲜蔬菜和低脂食品。

起初，团队中许多人对此持怀疑态度。但张伟通过一系列的演讲和研讨会，成功说服大家相信其愿景。随着时间的推移，张伟的决定被证明是正确的。当其他公司开始注意到健康饮食的需求时，张伟的企业已经建立了良好的品牌形象，并在市场上占据了领先地位。

张伟的故事激励了许多人，证明了一个具有前瞻性的领导者不仅能预见未来，还能带领团队实现梦想，成为真正的行业领跑者。

三、敢于承担责任：勇担重任，不推诿责任

真正的领导者从不逃避责任，面对挑战与失败，他们挺身而出，勇于担当。这种勇气与责任感能够赢得团队的尊敬，增强团队的凝聚力。当问题出现时，敢于站出来努力解决问题，而不是推卸责任，是构建个人磁场的重要一环。

吴辉是一家漫画公司的部门领导，拥有出色的专业技能和一定的管理经验，本应成为团队的领导者。然而，他性格中的一大缺陷——逃避责任，却逐渐侵蚀了他的领导地位。在一次项目中，因为决策失误导致项目延期，面对可能的责难，吴辉选择了最糟糕的应对方式——将过错转嫁给团队中最弱势的新同事。

这一举动看似暂时避开了风暴中心，实则埋下了信任危机的种子。团队成员开始意识到，一旦出现问题，吴辉很可能会将他们推向风口浪尖。这种不确定性和恐惧感，破坏了团队内部的信任基础，削弱了成员间的合作意愿。大家开始消极应对吴辉分配的任务，只求完成而不求质量，因此团队整体效能显著下滑。

真正的领导力，体现在面对困难和失败时，领导者能够勇敢地站出来承担责任，寻找解决方案。吴辉作为领导者，其行为却与之背道而驰，最终导致团

队凝聚力的瓦解。相比之下，那些勇于面对挑战的领导者，即使在犯错后也能坦诚沟通，与团队共同寻找改进措施，这样的态度才能够激发团队成员的归属感和忠诚度，从而增强团队的整体战斗力。

四、争取并分享利益：团队至上，共创辉煌

卓越的领导者深知，团队的成功是个人辉煌的基石。因此，他们不仅积极为团队争取资源和利益，更擅长进行公平合理的分配，确保每个成员都能在团队的胜利中获益。这种公平与慷慨，能够激发团队成员的归属感与战斗力，让团队成员紧紧团结在一起。

董平，一位充满激情与创意的部门领导，以其源源不断的创新点子和执行力著称。他总能提出新的项目构想，然后推动团队成员去实现。然而，在追求个人成就的过程中，董平忽视了一个关键环节——与团队成员分享胜利的果实。每次项目成功，他总是独自站在聚光灯下，向上级汇报成绩，将功劳归于己身，而忽略了背后默默付出的团队成员。这导致了团队士气低迷，成员们感到自己的努力没有得到应有的认可和回报，对董平的领导风格产生了抵触情绪。

随着时间的推移，董平开始察觉到团队氛围的变化。员工的抱怨声日益增多，工作效率和创新动力明显下降。更重要的是，董平发现，即使是最简单的工作，也需要花费更多的时间和精力去协调和推动，因为团队成员不再像以前那样全心投入。意识到问题的严重性，董平决定采取行动，修正自己的行为模式。

董平首先向团队成员坦承自己过去对团队贡献的忽视，并表达了对每个人辛勤工作的感激之情。随后，他积极与上级沟通，为团队争取到了额外的奖金和福利，确保每位成员都能从项目的成功中获得相应的奖励。此外，董平还提议设立一个团队表彰机制，定期举办会议，公开表扬那些在项目中表现出色的员工，让他们感受到自己的价值和重要性。

董平的改变迅速产生了正面效果。团队成员感受到了前所未有的尊重和公平对待，他们的积极性和创造力再次被激发。工作氛围变得更加融洽，大家愿意为了共同的目标而努力，不再计较个人得失。随着团队凝聚力的增强，项目执行效率显著提升，团队的整体表现也赢得了公司高层的认可和赞赏。

董平的故事生动地说明了，优秀的领导者不仅要具备创新能力和决断力，更要懂得如何公平地分配荣誉和资源，确保团队成员能够共享成功的喜悦。通过构建一个既公正又透明的激励机制，领导者可以充分激发团队的潜能，促进成员之间的合作与信任，最终实现团队和个人的双赢。董平的转变，不仅是他个人成长的体现，也是他对领导艺术深刻理解与应用的成果体现。愿意为他人争取利益并分享利益的人，自然会吸引别人靠近。

五、强大的执行力：雷厉风行，言出必行

执行力是检验领导力的试金石。果断的决策与迅速的行动，能够让团队成员看到你的决心与效率。一个雷厉风行、行事果决的领导者，能够带领团队快速响应市场变化，抓住每一个机遇。言行一致，是领导者建立个人信誉与影响力的基石。

李哲和宋可是多年的好友，两人性格迥异却互补。李哲非常聪明，做事总是深思熟虑，力求完美；宋可则是个执行力很强的人，他相信经验的价值，一旦觉得有六成把握就会付诸行动。

几年来，李哲一直在策划一个创新项目。他花了很多时间研究市场趋势、分析竞品以及用户需求。他制订了详细的商业计划书，甚至对未来五年的财务预测都做了详尽的规划。尽管他已经做了充分的准备工作，但他仍觉得还有一些不确定因素没有考虑周全，因此迟迟没有启动项目。

与此同时，宋可也开始了自己的创业之路。他选择了一个看似简单的切入点作为起点，尽管在市场调研方面并不像李哲那样深入，但他相信自己的直觉。

宋可很快就开始了项目实施，并在过程中不断学习和完善。虽然他也遇到了一些挫折，比如产品初期功能不够完善、市场反馈不佳等问题，但他总是能够迅速调整策略，继续前进。

几年后，当李哲还在完善他的商业计划书时，宋可已经完成了几个小项目，并从中获得了宝贵的经验和回报。其中一个项目甚至因为市场需求的爆发而取得了巨大的成功，让宋可在业内赢得了一席之地。

李哲看着宋可的成功，开始反思自己的做法。他意识到，虽然深思熟虑是重要的，但在很多时候，行动才是关键。李哲终于决定放下那些完美的计划，开始着手实施自己的想法。虽然起步晚了一些，但他相信只要开始行动，就永远不会太迟。

这个故事告诉我们，执行力对于实现目标至关重要。有时候，即使没有百分之百的确定性，勇敢迈出第一步也能带来意想不到的成果。

六、言出必行：承诺是金

在职场中，信誉如同黄金般珍贵。一个言出必行的领导者，能够赢得团队成员的绝对信任。无论是对团队的承诺，还是对外部的保证，始终如一地履行，能够让人们对你产生深深的信任感，这也是个人磁场中最闪亮的部分。

在一个创业公司里，有两个部门分别由两位风格迥异的经理领导。一位是市场部的赵峰，另一位是产品部的林浩。

赵峰以其善变著称。他经常会在项目进行到一半时突然改变主意，让团队成员感到非常困惑。例如，有一次市场部正在为一个新产品制订推广计划，赵峰先是提出了一系列的营销策略，团队成员们按照这些策略投入了大量的时间和精力。然而，在计划即将执行的前几天，赵峰突然决定要更换推广主题，理由是他认为原先的主题不够吸引人。这让团队成员感到非常沮丧，因为他们之前的努力都白费了。

这种朝令夕改的情况反复发生，导致市场部的员工们感到疲惫不堪，甚至开始怀疑自己的工作价值。随着时间的推移，团队的士气受到了严重影响，许多人开始考虑离职。

相比之下，林浩则以其一诺千金著称。他总是能够清楚地表达自己的期望，并且一旦做出了承诺，就会全力以赴地去实现。在一次新产品开发的过程中，林浩与团队成员共同制定了详细的产品规划，并且在整个开发周期中始终坚持最初的计划。即使遇到困难或挑战，林浩也会与团队一起寻找解决方案，而不是轻易放弃或改变方向。

林浩的这种坚定的信念和可靠的品质赢得了团队成员的信任和支持。每个人都愿意跟随他一起努力，因为他们知道林浩是一位值得信赖的领导者。随着时间的推移，产品部不但完成了多个项目，而且团队成员们也表现出了极高的忠诚度和积极性。

这个故事通过对比赵峰和林浩的管理风格，展示了稳定性和可靠性在团队建设中的重要性。

打造个人磁场，不仅关乎个人魅力的提升，更是一种领导艺术的展现。通过专业能力的打磨、前瞻性的引领、责任的承担、利益的共享、强大的执行力以及言出必行的原则，你将成为那个能够吸引并凝聚团队力量的“灵魂人物”。在职场的征途上，让个人磁场成为你最有力的武器，带领团队走向成功与辉煌。

1.3

隐藏实力：让对手猜不透你的底牌

在职场的棋盘上，每一位参与者都在精心布局，力求在有限的资源和无限的竞争中脱颖而出。然而，真正的高手往往懂得隐藏实力，不让对手轻易窥见底牌，这种策略不仅能够保持自身的神秘感，还能在关键时刻发挥意想不到的作用。下面，让我们通过几个例子来探讨这一职场智慧。

案例一

江涛刚踏入职场不久，满腔热血，每完成一个小项目，或者拿下一笔小订单，他都兴奋不已，迫不及待地想要与同事分享自己的喜悦。起初，这种积极向上的态度确实感染了周围的人，大家为他的每一点进步鼓掌喝彩，整个团队仿佛被注入了新的活力。然而，随着时间的推移，江涛的分享频率越来越高，从最初的一周一次，到后来几乎每天都有“小成就播报”。同事们的反应开始从最初的兴奋变为习惯，再到后来的轻微厌倦。小成就的连续播报，逐渐失去了原有的激励效果，反而让人感觉有些聒噪和浮躁。江涛未能意识到，过度的分享可能会稀释成就的价值，甚至影响他人对自己的看法。

相比之下，老杨在职场中显得更为成熟与稳重。他深知，真正的成就不应频繁炫耀，而应静待时机，以最合适的方式呈现。老杨极少在日常工作中提及自己的进展，他更专注于完成手头的任务，将时间和精力投入到提升项目质量和团队协作中。直到年终总结大会，所有人都聚在一起回顾过去一年的成果时，老杨才缓缓开口，逐一介绍了自己在这一年中所取得的每一项重大成就。从攻克技术难关，到签下行业顶尖客户，再到带领团队超额完成年度目标，每一项成就都经过了精心的准备与积累。老杨的分享，如同一场精心策划的演出，不仅令人印象深刻，更让团队成员为之动容，大家纷纷感叹于他深藏不露的实力与稳健的作风。

案例二

张展自诩为社交达人，他热衷于在同事间分享自己与各路高管的“交情”，几乎每次聚会或闲聊，都能听到他讲述与某位行业大佬的趣事。起初，这些故事确实为他赢得了羡慕的目光和一些社交资本，但久而久之，同事们开始对他的“交情”持怀疑态度。当张展在一次项目推进中遇到瓶颈，试图借助这些所谓的“人脉”时，却惊讶地发现，平日里口中的“好友”并不愿意伸出援手，或是提供的帮助微乎其微。张展的尴尬，不仅让他的信誉受损，也让他意识到，过度炫耀人脉，有时反而会削弱人脉真正的价值。

与张展形成鲜明对比的，是赵洪的低调与沉稳。在公司里，赵洪几乎从不主动提及自己的社交网络，他更倾向于通过实际行动和专业能力来赢得尊重。然而，在一次突如其来的危机中，赵洪展现了他深藏不露的人脉力量。当公司面临一项棘手的供应商纠纷，急需行业内的权威人士介入调解时，赵洪默默拨通了一个电话。不出所料，他迅速联系到了一位业内知名的法律顾问，此人不仅在行业内颇具影响力，而且与赵洪保持着良好的私人关系。在赵洪的协调下，这位法律顾问不仅提供了专业的法律咨询，还亲自出面与供应商沟通，最终促成了双方的和解，避免了公司陷入一场旷日持久的法律诉讼。这次事件，让所有人大开眼界，原来赵洪的人脉网络远比想象中庞大且有分量。

职场如同一个充满挑战与机遇的竞技场，每位参与者都在寻找最佳的策略以脱颖而出。然而，真正的高手懂得，实力的展现如同一把“双刃剑”，过度炫耀不仅可能招致嫉妒与排挤，更会暴露自己的弱点，让对手有机可乘。因此，隐藏实力，适时展示，成为职场中的一种智慧与艺术。

一、保持神秘感：塑造不可预测的形象

在职场中，保持一定程度的神秘感，是构建个人品牌与影响力的有效手段。当你的实力与策略不轻易示人时，你就成了别人眼中的一张未知牌，这样不仅能够激发他人的好奇心，更能在无形中建立起一层敬畏的屏障。这种神秘感，让潜在的对手难以揣摩你的下一步棋，从而降低了被针对或被利用的风险。同时，它也为你赢得了更多观察与分析对手的机会，使你能够在复杂的职场环境中保持清醒与主动。

二、战略性展示：关键时刻的惊艳亮相

真正的智者，懂得选择合适的时机与场合来展示自己的成就与资源。这种有策略的曝光，不仅能够最大化地凸显个人价值，还能避免因日常琐碎的炫耀而消耗自己的威信。例如，在年度总结会议、重大项目汇报或是行业论坛等重要场合，通过精心准备的演讲或报告，将你的专业成果、卓越的团队领导力以及深刻的行业洞察力逐一展现，这样的展示不仅能够吸引高层与同行的关注，还能巩固你在职场中的地位与影响力。

三、构建信任而非炫耀：以行动赢得尊重

在职场的人脉网中，信任是建立长久合作关系的基石。与同事或合作伙伴

相处时，应更侧重于通过实际行动与可靠表现来赢得信任，而非仅仅依赖口头上的夸耀。真诚的互动，如及时分享信息、主动承担责任、在他人需要时伸出援手，这些行为能够积累起坚实的信任基础。当他人看到你不仅言出必行，而且在关键时刻能够成为可靠的伙伴时，自然会更加尊重并依赖你。这种基于行动的信任，远比空洞的言辞更有说服力，也更能凝聚人心，建立起稳固的人脉网络。

在职场的博弈中，隐藏实力并非意味着退缩或隐瞒，而是一种策略性的自我保护和资源管理。通过适时地展示与隐藏，你可以在保护自己免受无谓竞争的同时，为关键时刻的发力储备足够的能量。记住，真正的强者，是在必要时才显露锋芒的，他们深谙在静默中积蓄力量的艺术，等待最佳时机一鸣惊人。

1.4

人脉即命脉：构建稳固的“人脉网”

刘南，一位技术精湛的工程师，自认为只要技术过硬，就能在职场立足。他埋首于代码与设计，却忽视了人际交往的重要性。直到有一天，他目睹了同事宋佳的“左右逢源”才有所醒悟。宋佳不仅技术出众，更擅长与人沟通，也能够迅速整合资源，组建起一支高效协作的团队。在宋佳的带领下，项目进度实现飞跃式的推进，团队氛围融洽，每个人的能力都得到了最大程度的发挥。刘南这才意识到，仅仅技术优秀并不能保证职业道路的畅通无阻，人脉的构建同样至关重要。

在如今这个重视人情关系的社会中，人脉的作用早已深入人心。从古至今，人们都明白“得道多助，失道寡助”的道理，这里的“道”，很大程度上指的就是人际关系。在职场中，一个广泛而深厚的人脉网络，不仅可以提供信息、资源与机会，还能在关键时刻给予你支持与帮助，成为你职业生涯中不可或缺的“命脉”。

在职场的广阔天地中，构建一个稳固而丰富的人脉网络无疑是个人职业发展的强大引擎。以下五大策略将帮助你有效拓展人脉，深化关系，为你的职业生涯注入源源不断的活力。

一、主动出击，拓展社交圈

1. **参加行业会议与研讨会**：这些活动是结识同行业人士的绝佳机会，通过参与讨论、发表见解，你不仅能够展示自己的专业能力，还能与志同道合的人建立联系。

2. **加入专业社团或协会**：成为行业协会的一员，不仅能够获取行业最新动态，还有机会在各种活动中遇到潜在的合作伙伴与导师。

3. **利用社交媒体平台**：抖音、小红书、微博等社交媒体是拓展职业人脉的便捷渠道。积极参与行业话题讨论，发布有价值的内容，可以吸引关注，扩大你的社交范围。

二、真诚待人，建立信任

1. **展现真诚与尊重**：在每一次的交流中，保持开放和友好的态度，倾听对方的观点，展现出对对方的尊重与理解，这能够帮助你赢得他人的信任。

2. **言行一致**：诚信是构建信任的基石。无论是承诺还是工作交付，始终做到言出必行，用实际行动证明自己的可靠性。

三、资源共享，互惠互利

1. **主动分享**：无论是行业资讯、专业技能还是个人经验，主动与他人分享，都能够提升你在人脉网络中的价值，促进信息与资源的流通。

2. **乐于助人**：当人脉网络中的成员遇到困难时，尽力提供帮助，即使是小小的建议或信息，也可能成为他们解决问题的关键。

四、保持联系，维系关系

1. **定期跟进**：通过邮件、电话或社交媒体，定期与人脉网络中的联系人保持沟通，分享近期的工作进展或生活趣事，让对方感受到你的关注。

2．**特殊日子的问候**：在节日或对方的重要日子发送祝福，不仅能够加深感情，还能让对方感受到你对这段关系的重视。

五、职业精进，提升价值

1．**终身学习**：持续提升自己的专业技能和知识水平，这样不仅能够保持在职场中的竞争力，还能吸引那些同样追求卓越的人士。

2．**领导力与团队合作**：在职场的舞台上，展现出卓越的领导能力和紧密的团队合作精神，将有助于你建立更深层次的人脉关系，成为行业内的意见领袖。

构建人脉网络并非一蹴而就，它需要时间和耐心，更需要你付出真诚与努力。通过主动出击、真诚待人、资源共享、保持联系和职业精进，你将逐步打造出一个坚实而多样化的人脉网络，为你的职业生涯铺平道路。在职场的征途上，你并非孤军奋战，一个强大的人脉网络将是你的最佳伙伴。

1.5

赢得尊重：如何让团队成员心甘情愿地跟随

在职场的领导岗位上，赢得团队成员的尊重与忠诚，其价值远比单纯的权威与权力更为重要。真正的领导者，不仅能够指导团队前进，更能激发团队成员的潜能，让每个人都心甘情愿地跟随。以下几点策略将帮助你成为下属眼中值得尊敬的领导者。

一、展现专业能力

一个优秀的领导者，必须是该领域内的专家。当你的专业能力无可挑剔时，自然能够赢得团队成员的尊重。这要求你不断学习，保持对行业动态的敏感，并且在关键时刻能够展现出解决问题的能力。当领导者在专业领域内表现出色时，自然而然地能够赢得团队成员的尊重和信任。这种尊重不仅来源于他们的专业能力，还来自他们对团队成员的支持和指导。

二、以身作则：树立榜样，激发正能量

作为领导者，你的每一个行动都在无声地塑造着团队的文化。高标准的职业道德、对待工作的严谨态度以及对团队成员的公平公正，是树立良好榜样、

激发团队正能量的关键。做到以下几点可以帮助你以身作则。

1．**坚守职业道德**：在所有决策中坚持诚信与透明，即使在无人监督的情况下，也要遵循最高的职业标准。

2．**展现敬业精神**：对工作充满热情，认真负责，用自己的行动证明对团队和目标的承诺。

3．**公平对待团队成员**：在分配任务、评价绩效时，确保公正无私，让每个成员都感受到平等与尊重。

三、关注个人成长：投资于团队成员的未来

优秀的领导者深知团队的长期成功离不开每个成员的成长与进步。领导者做到以下几点可以帮助你更加了解和评估员工的能力。

1．**提供培训与发展机会**：定期评估团队成员的技能差距，提供定制化的培训计划，帮助他们提升专业能力。

2．**关注职业规划**：与团队成员进行一对一的会谈，了解他们的职业目标，提供指导和资源，帮助他们实现个人价值。

3．**鼓励自我发展**：鼓励团队成员设定个人发展目标，为他们提供时间和空间去追求个人兴趣，促进他们全面发展。

四、倾听与沟通：建立开放的交流渠道

有效的沟通是团队协作的基石。作为领导者，做到以下几点可以帮助你有效沟通。

1．**主动倾听**：定期举行团队会议和一对一会议，鼓励团队成员分享意见和建议，确保每个人的声音都被听到。

2．**透明沟通**：在团队中建立透明的信息共享机制，让成员了解公司目标、项目进展和决策过程，增强团队的凝聚力。

3．**及时反馈**：对团队成员的表现给予及时、具体的反馈，无论是正面的肯定还是建设性的批评，都应该以促进个人成长为目标。

五、公平与公正：构建信任与尊重的文化

在奖惩制度上保持公平，是建立团队信任、减少内部矛盾的关键。做到以下几点可以构建团队公平与公正的氛围。

1．**公正评价**：确保绩效评价体系客观、公正，避免个人偏好影响评价结果。

2．**透明决策**：在涉及团队成员利益的决策中，秉持高度透明的原则，阐述决策背后的逻辑与考量，让每一位团队成员都能充分理解并接受。

3．**平等对待**：在资源分配、晋升机会等方面，确保每位成员都有平等的机会，不偏不倚。

六、共享成功

成功的果实应当与团队共享。在项目成功时，公开表彰团队成员的贡献，分享胜利的喜悦，不仅是对每位成员辛勤付出的认可，也是增强团队凝聚力的重要方式。这样做能够激发团队成员的士气，让他们感受到自己的努力得到了重视和回报。

1．**公开表彰**：领导者应当主动寻找机会公开表彰团队成员的贡献。这可以通过团队会议、内部通讯或者庆祝活动等形式来进行。

2．**分享喜悦**：分享成功的喜悦不仅仅是口头上的表扬，还可以通过一些实质性的奖励来表达感激之情。这可能包括奖金、额外的休假时间或者是其他形式的奖励。

通过这些方式，领导者不仅能够与团队成员共同庆祝每一个成功的瞬间，还能够营造一个积极向上、相互支持的工作环境，这种氛围对团队的长期发展至关重要。

综上所述，通过实施这些策略，你能够建立起一个高效、和谐的团队，让每个人都心甘情愿地跟随你，共同创造更加辉煌的未来。

1.6

审时度势：在暗流中立于不败之地

俗话说，有人的地方就有“江湖”。在职场中，人们往往为了自己的利益选择“结盟”。涉足职场，锻炼自己的业务能力固然重要，但选择也不容忽视，稍有不慎，便可能陷入困境。所以，如何保持清醒的头脑，在某种程度上是我们职场生存与发展的关键。以下策略将指引你在这片复杂的“水域”中，更加稳健地航行。

一、洞察局势

深入理解公司的内部文化及其运作机制至关重要。密切关注不同部门之间的协作模式，观察领导层的行为习惯和决策方式，以及他们背后受到哪些团队或个人的支持。这种全面的认知可以帮助你更准确地预测未来趋势，从而做出更为明智的选择。

二、评估个人定位

清晰地认识自己在组织中的角色定位和价值贡献，思考自己与周围同事及上级的人脉网。这不仅是自我认知的深化，也是为将来可能面临的机遇或挑战做好准备的关键步骤。通过这种方式，你可以更加精准地规划个人的职业发展路径，确保每一步都朝着目标前进。

三、专注于个人成长

持续学习和提高自己的业务能力永远是最明智的选择。无论是通过参加培训课程、阅读相关书籍还是向同事请教，不断充实自己，才能在变化莫测的职场环境中保持竞争力。

四、建立正面的人际关系

与人为善，积极构建和谐的工作关系。这不仅有助于营造一个愉快的工作环境，也能在关键时刻获得他人的支持和帮助。切记，真正的友谊和合作能够超越简单的利益交换。

五、保持中立

面对职场中的各种纷争和小团体，尽量保持中立，避免卷入不必要的矛盾之中。这并不是让你成为一个旁观者，而是要学会在保持原则的同时，不轻易“站边”，以免影响个人的职业发展。

六、谨慎表达意见

在职场中发表观点时，应当谨慎且周到。确保你的言论既能表达个人观点，又不会无意中伤害他人或引起误解。学会倾听他人的意见，并从中寻找可以借鉴之处。

七、保持学习与适应，持续成长

职场环境瞬息万变，持续学习新技能，拓宽知识面，保持对行业趋势的敏感，能够让你在职场竞争中更加游刃有余；同时要保持开放的心态，对环境变化保持敏锐的洞察力，随时准备调整策略，以应对突发情况。

在职场的斗争中，保持清醒的头脑、灵活的策略以及持续的成长，是立于不败之地的关键。记住，真正的强者，不仅懂得如何在暗流中生存，更能在波涛汹涌中扬帆远航，开辟属于自己的航道。通过对上述策略的应用，你将能够在职场的复杂环境中稳步前行，最终实现个人职业目标。

聚心法则

第二章

攻心为上

——聚心法则的深层密码

2.1

知人论世：透过对方行为洞察人心

在人际交往的广阔舞台上，了解他人的心思往往能成为决定成败的关键。古语有云："知己知彼，百战不殆。"掌握一套有效的识人方法不仅能在职场中游刃有余、促成交易，同时也能在生活中构建和谐的人际关系。

王丽是一名金牌销售，在一次销售拜访中，她遇到了一位潜在客户张先生。张先生是一家中小企业的负责人，对王丽推销的产品表现出一定的兴趣，但态度始终比较谨慎。

推销期间，王丽注意到，在介绍产品的一些特定功能时，张先生的眼神变得更为专注，嘴角偶尔露出一丝微笑，这些细微的表情变化表明他对这些功能感兴趣。而在谈到价格和服务条款时，张先生的表情变得更加严肃，眉头紧锁，这表明他对这部分内容有所顾虑。

基于这些观察，王丽决定在接下来的交谈中重点突出产品的优势，并针对张先生表现出的兴趣点进行更深入的解释。同时，她还主动询问了张先生的具体需求和顾虑，以便更好地解决他的疑虑。

在了解到张先生最关心的是产品的性价比和售后服务之后，王丽提供了详细的成本效益分析，并承诺提供优质的售后服务。她还分享了一些成功案例，这些案例展示了产品如何帮助其他客户解决了类似的问题。

最终，通过细致入微的观察和有针对性的沟通，王丽成功地说服了张先生，双方达成了合作协议。张先生对王丽的专业能力和对客户需求的理解给予了高度评价。

王丽的成功，源于她对客户的细致观察和微表情捕捉，通过上述方法，王丽可以分析出客户心理，了解他们的需求和顾虑，并据此采取行动，从而促成交易。这便是洞察人心的力量。

洞察人心，实为一种高超的社会认知技能，它在个人成功及策略性竞争中扮演着至关重要的角色。从心理学视角出发，这一能力可以使个体精准地解读他人的情绪状态、信念与意图，从而在复杂多变的人际互动中掌握主动权。

第一，就个人发展而言，洞察人心有助于个人建立广泛而深入的人脉网络。在职场或商业领域，了解同事、客户乃至竞争对手的心理动态，能够帮助我们制定更为精准的沟通策略，提升合作效率，同时避免潜在的冲突，最终推动职业目标的实现。此外，对于创业者而言，敏锐地感知市场趋势背后的人性需求，是更新产品、服务并赢得市场的关键。

第二，在策略性竞争层面，洞察人心更是不可或缺。无论是商战还是其他领域的角逐，深入了解对手的战略思维与心理预期，可以有效预测其行动轨迹，制定出制胜策略。历史上无数案例证明，那些能够“读心”“预判对手”的领导者，往往能够在关键时刻作出准确判断，以智取胜。

那么，在现代生活中，我们要如何通过别人的外在行为来“阅人”和“洞察人心”呢？

一、肢体语言解读

人体是一个无声的语言宝库，通过观察肢体语言，我们可以洞察他人内心的波动。比如，当一个人在交谈中频繁地与我们进行眼神交流，这通常表明他们对对话的内容感兴趣，或是想要表达自信。反之，如果他们刻意避免目光接触，可能是因为感到不安、羞涩，甚至是对讨论的话题持保留意见。所以，在商务谈判中，如果我们发现对方频繁点头并保持开放的身体姿势，这就可能是他们愿意接受我们提议的积极信号。

二、微表情捕捉

微表情是指面部肌肉瞬间的、不易察觉的变化，虽然通常持续不到一秒，但它们能泄露真实的情感。比如，当某人听到一个令其感到惊讶的消息时，可能会出现短暂的眉毛上挑。虽然这个动作转瞬即逝，却足以揭示其内心的震惊。在日常生活中，如果我们注意到朋友在听到某个话题时嘴角不经意地上扬，即使他们随即恢复了平静的面容，也能够说明他们内心深处对我们观点的认同。

三、声音和语调分析

声音不仅仅是传递信息的载体，它的音调、速度和强度变化同样富含情绪色彩。当你在电话会议中，听到同事的声音突然变得急促且音调升高，这很可能是他在表达焦虑或紧迫感。相反，如果一个人在讨论中语气平缓、音调低沉，这通常反映出他们的内心比较自信与从容。掌握声音和语调分析技巧，能够帮助我们在不见面的情况下，准确判断对方的情绪状态。

四、空间距离的感知

人际的空间距离，是一种无声的社交信号。亲密距离（0 ～ 0.5 米）通常限于家人或非常亲密的朋友之间，体现了深度的信任与舒适。而在一般的社交场合，人们倾向于保持 1.2 ～ 3.6 米的社交距离，以维护适当的界限感。我们留意这些距离的变化，就可以洞察对方对当前关系的态度。比如，在一次聚会中，某人主动靠近你，刻意缩小与你之间的距离，这可能表明他想要对你有进一步了解。

五、模仿行为的观察

人们会在无意识中模仿他人的行为，这是一种社交融合的机制。当你发现对方开始无意识地模仿你的手势或语调时，这不仅表明他们在尝试与你建立共鸣，也可能暗示着他们对你的观点持赞同态度。比如，在一场讲座中，如果你注意到听众中有人开始模仿演讲者的肢体动作，就表明他们可能被演讲者的演讲内容吸引了。

六、直接询问与倾听

尽管非言语信号为我们提供了丰富的信息，但直接的沟通仍然是人与人之间建立深层次理解的基石。向对方提出开放性问题，鼓励对方分享内心的想法和感受的同时给予对方真诚的倾听，可以促进双方的信任与理解。比如，在一次心理咨询中，咨询师通过提问引导来访者表达自己的困扰，同时给予对方耐心的倾听，这无疑可以让咨询师更准确地把握来访者的真实需求，进而为来访者提供更有效的帮助。

掌握上述技巧，不仅能增强我们的人际敏感度，还能让我们在职场谈判、日常生活交流等社交场景中游刃有余。

我们通过观察对方行为来掌握对方心理不是为了操纵他人，而是为了更好地理解与尊重每个人的独特性。通过细致入微的观察和同理心的运用，我们可以构建更加和谐的人际关系。总而言之，真正的洞察力来自内心的开放和对人性的深刻理解。

2.2

情感绑定：建立忠诚与依赖关系

在中国古代，不乏忠诚与依赖的感人事例。《史记·刺客列传》中的聂政就是一个典型的例子。

聂政是一个性情刚烈的年轻人，他自幼便有着超乎常人的勇气与正义感，不畏强权，敢于站出来对抗那些欺压百姓的恶霸。有一次，因为勇敢地站出来保护弱小，聂政不慎杀了一个恶霸，为了躲避官府的追捕，他带着母亲和姐姐，踏上了流亡之路，最终落脚于齐国的一个小镇，以宰杀牲畜为业，过起了隐姓埋名的生活。

直到有一天，韩国的一位大夫严仲子因与当朝丞相侠累结怨，逃亡至齐国。严仲子听闻聂政的大名，深知其为人正直、重情重义，便携带着丰厚的礼物前来拜访，希望聂政能帮助他铲除侠累这个祸害国家的奸臣。面对严仲子的信任与请求，聂政心中涌动着一股热血，同时也非常感动。但他深知，母亲年事已高，于是他婉拒了严仲子的好意，专心侍奉母亲。但当他母亲去世后，他决定承担起这份责任，回报严仲子的信任。

聂政独自前往敌人的领地，凭借着智慧和勇气，他成功地刺杀了侠累。为了保护其他相关人员的安全，聂政在刺杀成功后便自刎身亡了。

聂政的行为，展现了“士为知己者死”的高尚品质，成为后人口中传颂的佳话。聂政的故事告诉我们，真正的友谊和信任是值得用生命去守护的宝贵财富。

而人类为什么会产生“忠诚”这样的情感，以至于像聂政一样舍生忘死呢？这便是我们本小节要讲的“情感绑定”。

从心理学角度来看，情感绑定源于人类对归属感和安全需求的本能追求。当领导者能够满足下属的情感需求，建立起基于信任、尊重和理解的深度关系时，便能激发对方心中的忠诚与依赖。这种绑定效应，往往在以下几个层面发挥作用。

1. **共情与认同**：领导者展现出的共情能力，能够使下属感受到被理解和接纳，这种心理上的共鸣，是情感绑定的基石。

2. **安全感与信任**：稳定的领导风格和对下属的公正对待，能够建立起一种安全感，使下属相信领导者是值得信赖的。

3. **个人价值的肯定**：当领导者认可并支持下属的个人成长与职业发展，下属会感受到自己的价值被看见，从而产生更强的归属感和忠诚度。

在现代职场环境中，建立忠诚与依赖的关系不再局限于传统的权威主义模式，而更多地依赖情商和人际交往技巧。构建团队成员对领导者的忠诚与依赖，不仅是管理艺术的体现，更是团队凝聚力和效率提升的关键。以下六大策略，将帮助你深化与下属的情感连接，激发团队的内在动力。

一、倾听与共情

定期一对一会谈：安排固定时间与每位团队成员进行深入交流，了解他们的职业目标、面临的挑战以及个人生活情况，展现你对他们全方位的关心。

李经理每月都会与团队成员进行一对一的咖啡畅谈，不仅深入探讨工作进展，还细心倾听并关注个人成长需求。这种定期的沟通让团队成员感受到被重视，增强了彼此的信任。

二、公平公正

透明的晋升流程：确保晋升标准明确，过程公开透明，避免任人唯亲，让每位团队成员都有平等的晋升机会。

张总监在晋升评审中引入了“360度”反馈机制，即结合同事、下属和上级的评价来评估员工，确保晋升决策的公正性，大大提升了团队成员对领导的满意度和信任度。

三、共同目标与愿景

明确团队愿景：与团队成员共同制定部门目标和愿景，确保每个人都能理解自己的工作，并且思考个人如何努力对团队目标产生影响。

赵主任与团队一起制定了“成为行业创新领导者”的愿景，通过定期分享行业动态和团队进展，让每位成员都能感受到自己的工作对实现这一愿景的贡献。

四、个性化激励

制订激励计划：根据团队成员的不同需求，提供个性化的激励方案，无论是职业培训、灵活工作时间还是个人兴趣项目的资助。

王经理了解到小刘对数据分析特别感兴趣，于是为他报名参加了外部的数据分析课程，并安排了项目让他实践新学的技能。这种有针对性的支持让小刘深受鼓舞，工作热情高涨。

五、团队建设活动

增进团队凝聚力：组织多样化的团队建设活动，如户外拓展、团队聚餐或主题工作坊，增强团队成员之间的非正式联系。

每年春节前夕，陈总都会组织一次全员参与的“家庭日”活动，邀请员工家属一同参与。这不仅让员工感受到公司的温暖，也加深了团队成员之间的相互了解，增进成员之间的友谊。

六、认可与赞赏

及时表彰成就：无论是公开的表彰大会还是私下的感谢信，确保团队成员的每一份努力和成就都能得到及时的认可。

每当项目成功完成，林主管都会在团队会议上点名表扬那些表现突出的成员，并分享他们的具体贡献，这种公开的认可不仅提升了个人的自豪感，也增强了整个团队的凝聚力。

通过上述策略的实施，你将能够深化与团队成员之间的情感绑定，激发他们内心的忠诚与依赖。真正的领导者，不仅关注任务的完成，更注重团队成员的成长与幸福。通过倾听与共情、公平公正、共同目标、个性化激励、团队建设和认可赞赏，你将构建起一个充满正能量、高度凝聚的团队，共同迎接职场的挑战与机遇。

在职场中，情感绑定是一种高级的人际关系管理艺术。通过共情、信任、个人价值的肯定以及共同目标的追求，领导者能够建立起与下属之间深厚的情感纽带，激发他们对团队的忠诚与依赖。这种绑定效应，不仅能够提升团队的凝聚力和战斗力，更是现代职场中领导者实现卓越领导力的关键所在。

2.3

潜意识影响：利用言语暗示与非言语信号让人信服

在职场的微妙博弈中，言语暗示与非言语信号常常扮演着看不见的指挥棒角色，它们能够潜移默化地影响他人的行为与决策。心理学研究表明，人们的许多决定和行为其实是受到潜意识的深刻影响。而巧妙地利用这一点，便能在谈判、领导团队等场景中更有效地引导他人，从而达到使人信服的效果。

潜意识是人类心理的一个深邃领域，它包含了我们的信念、记忆、欲望和恐惧，这些元素通常不为我们的意识所觉察，但却在不知不觉中指导着我们的行为。暗示作为一种心理学现象，指的是通过言语、行为或环境刺激间接地影响个体的思想、情感和行为，而这一过程往往发生在潜意识层面。

通俗来讲，潜意识就像心灵的地下室，那里存放着我们日常意识之外的想法、感受和冲动。它包含了我们从小到大积累的信念、记忆、欲望和恐惧，尽管我们可能无法即时意识到这些因素，但它们却在幕后悄然影响着我们的决策和行为。潜意识就像一个无声的指挥家，引导着我们的情感反应和行为模式，有时甚至在不经意间决定了我们的人生轨迹。

暗示，是一种心理学现象，它通过外界的言语、行为或环境刺激，以一种间接的方式影响着个体的潜意识，进而改变其既定的思想、情感和行为。暗示不是直接的命令或说明，而是通过微妙的提示，让接收者在不知不觉中接受某种观念或产生某种行为倾向。

在日常生活中，广告是潜意识暗示应用的典型例证。广告商通过视觉图像、音乐、色彩和语言等元素，巧妙地触发观众的潜意识反应。例如，一个香水广告可能不会直接告诉你“购买这款香水会让你更受欢迎”，但它会展示一群人在使用该香水后看起来更快乐、更自信的场景，同时配上吸引人的音乐和诱人的画面。这些元素共同暗示观众：使用这款香水会带来社交上的成功和生活的幸福。这种暗示在潜意识层面发挥作用，观众可能并不会意识到自己为何会对这款产品产生好感，但这种好感却真实地影响了他们的购买决策。

暗示的影响不仅限于广告领域，它在我们的日常生活中也无处不在。比如，朋友在谈论某家餐厅的美食时，语气中流露出的兴奋和满意可能会让你在潜意识中对这家餐厅产生好感。下次外出就餐时，你可能会不自觉地选择这家餐厅。同样，当我们处在压力环境中，周围人的焦虑表情和紧张气氛，也可能会通过暗示影响到我们的深层意识，使我们感到更加不安。

总之，潜意识与暗示构成了我们心理世界中的重要部分，它们在不知不觉中影响着我们的行为和决策。了解这些心理学原理，不仅能够帮助我们更好地理解自己，还能让我们在与人交往、市场营销乃至自我提升中，更加有效地运用这些无形的力量。

在现代职场中，无论是商务谈判还是团队管理，巧妙地运用言语暗示与非言语信号能够有效地提升说服力，建立信任，激发团队潜能。以下是运用“暗示”的策略。

一、言语暗示

1. **肯定性语言**：使用诸如“我相信”“我确信”等开头的话语，能够传递出积极的信念，使对方感受到被支持和鼓励。例如：“我相信你有能力解决这个问题。”这种肯定性语言不仅能够提升对方的自信心，还能激发其解决问题的积极性。

2．**隐喻与故事**：隐喻和故事是强有力的心理工具，它们能够跨越逻辑障碍，直接触及听众的潜意识。通过讲述与主题相关的寓言或个人经历，可以激发听众的共鸣，使他们更易于接受你的观点。例如，领导者可以通过讲述一个关于克服困难的故事来激励团队面对挑战。

二、非言语信号

开放的姿势如展开的手臂和微微倾斜的身体，表明你对对方持开放和欢迎的态度。坚定的眼神接触显示自信，自信的笑容则能传达出友好和信任的信息。这些肢体语言综合起来，能够增强你的说服力，让对方感受到你的真诚与可信。

三、模仿与同步

轻微模仿对方的肢体动作或说话节奏，被称为"镜像效应"，它能够建立起一种无形的连接，让对方感到舒适和亲近。例如，在谈判中，如果你注意到对方点头的频率，你可以略微调整自己的点头频率以与之同步，这样可以增加彼此的默契感，使对方更易接受你的观点。

四、环境暗示

精心布置一个适宜的谈判或会议环境，如使用柔和的灯光、布置舒适的座椅、播放轻柔的背景音乐，营造出一个放松和专注的氛围。这种环境暗示能够间接影响对方的情绪状态，使其在谈话中更加开放，更愿意倾听和接受你的建议。

通过上述策略的综合运用，你不仅能够提升个人在职场中的沟通效果，还能在潜移默化中增强团队的凝聚力，激发成员的潜能。需要注意的是，无论是言语暗示还是非言语信号，关键都在于真诚与尊重，只有当这些信号出自真心，才能真正触动人心，达到预期的说服效果。

在职场的每一个角落，潜意识的影响无处不在。通过对言语暗示与非言语信号的巧妙运用，我们不仅能够更有效地沟通，还能够建立更深层次的人际联系，激发团队的潜能，达成更广泛的共识。真正的说服力，往往源于那些不易察觉的细微之处，而掌握这些技巧，将使你在职场的道路上更加游刃有余。

2.4

识别需求：发掘并利用对方的潜在需求

在职场的角力场上，了解并巧妙地利用人性中的需求与渴望，往往能够成为制胜的关键。发掘和利用对方的潜在需求，虽然听起来带有几分策略的意味，但在本质上，它是关于深刻理解他人，以及如何在复杂的人际关系中找到合作与共赢的路径。

下面我们通过一个案例，从心理学的角度来谈谈什么是发掘和利用对方的潜在需求。

你是一名项目经理，负责带领一个跨部门的创新项目。项目进展顺利，但你注意到团队中一位关键成员李明的工作表现最近有所下滑，他的积极性和参与度不如以往。李明在团队中的角色至关重要，因此他的状态直接影响项目的整体进度和团队氛围。

面对这种情况，你应该怎么做呢？

一、洞察需求

在职场中，每个人背后都隐藏着不同的需求与渴望。这些需求可能包括职业发展、认可、归属感、安全感或成就感。通过细致的观察与沟通，你可以洞察到同事或合作伙伴的真实需求，这是发掘和利用对方的潜在需求的第一步。

于是，面对上述案例中李明的情况，你采取主动的策略，安排了一次与李明的一对一会谈，在会谈中，你了解了他近期工作状态变化的原因。在对话中，李明透露了他对未来职业发展前景的担忧。他认为当前项目虽然重要，但对于个人技能的提升有限，担心这会阻碍他未来的晋升和职业道路的拓展。

二、建立共鸣

一旦发现对方的需求，接下来的步骤就是建立共鸣。这不是简单地迎合，而是通过共享经验、展示同理心以及提供能够满足对方需求的解决方案，来构建一种情感上的联系。

于是，面对上述案例中李明的情况，你表达出对李明感受的理解，并分享了自己在职业生涯早期也面临过类似的困惑。你解释说，每个人在职业生涯的不同阶段都会有这样的焦虑，重要的是找到平衡点，既能满足项目需求，也能促进个人成长。这种共享的经历和同理心的展现，让李明感受到了被理解和重视。

三、合理利用对方需求

利用对方的潜在需求的关键在于“合理”二字。这意味着在利用对方需求的过程中，始终要以建立长期的正面关系为目标，避免采取短视或操纵性的手段。合理利用意味着，你所提供的解决方案或激励措施，应该同时符合你和对方的利益，实现双赢的局面。

于是，面对上述案例中李明的情况，你提出了一项个性化的职业发展计划来满足李明的职业发展需求，同时也促进项目团队整体表现的提升。该计划包括以下几个方面。

1. **内部学习与培训**：提供定期的技术研讨会和在线课程资源，帮助李明提升专业技能，特别是在项目中未充分涉及的领域。

2. **项目领导机会**：鼓励李明承担项目中的更多责任，比如领导某个子项目或成为某一技术领域的负责人。这样不仅能增强他的责任感，还能提升他的领导力和团队管理能力。

3. **外部网络与导师制**：安排李明参加行业会议和研讨会，让他有机会接触行业内的专家和领导者，拓宽视野并建立专业网络。同时，指派一位经验丰富的导师为他定期进行一对一辅导，提供必要的职业指导和反馈。

4. **职业路径规划**：与人力资源部门合作，为李明制定一个清晰的职业发展路径，明确他可能的晋升通道和所需达到的能力标准，增强他的目标感和内在动力。

通过上述措施，李明重新找回了对工作的热情和动力。他积极参与项目活动，贡献了更多创新的想法，并且在团队中的领导地位逐渐显现。此外，由于李明的积极转变，整个团队的士气和效率也得到了显著提升。更重要的是，这种基于需求的对症下药策略增强了团队成员之间的信任和协作，为项目的成功奠定了坚实的基础。

通过这一案例，我们看到，合理地发掘和利用对方的潜在需求不是简单的利用，而是一种建立在理解、尊重和共赢基础上的团队管理艺术。它不仅有助于解决个体的问题，更能够促进团队的整体发展和进步。

在职场中，发掘和利用对方的潜在需求并非利用他人弱点的负面行为，而是一种基于深刻理解与共鸣的策略。它要求领导者具备敏锐的洞察力、同理心和创新思维以发现并满足团队成员的真实需求，从而激发他们的潜力，促进团队的整体成功。真正的领导者，是那些能够理解并引导人心的人，而不是简单地操控他人。通过发掘和利用对方的潜在需求，你不仅能够提升个人的影响力，更能构建一个更加团结、高效的工作环境。

那么，我们应该怎样发掘和利用对方的潜在需求呢？

一、倾听与观察

1. 主动倾听团队成员的意见和想法，注意他们的非言语信号，如肢体语言和表情，以更全面地理解他们的需求和期望。

2. 提供一个安全的空间，定期进行一对一的会谈，让员工可以自由表达自己的关切和愿望。

二、同理心

1. 你可以尝试站在对方的角度思考，理解他们所面临的挑战和当下的行为动机。

2. 你应该展示真诚的关心和支持，让团队成员感受到被重视和尊重。

三、明确沟通

1. 清晰、直接地表达你的期望和目标，同时也要了解并尊重团队成员的目标。

2. 保持开放的沟通渠道，鼓励团队成员提出建议和反馈。

四、共同设定目标

1. 与团队成员一起设定可达成的个人和团队目标，确保这些目标既符合公司愿景，也满足个人职业发展需求。

2. 设定具体目标时，考虑给予团队成员一定的自主性和灵活性，以适应个人差异。

五、提供资源与支持

1. 根据团队成员的需求，提供必要的培训、工具和资源。

2. 创建一个有利于成长的环境，包括但不限于提供导师指导、职业发展计划和持续教育的机会。

六、正面激励

1. 认可和奖励团队成员的努力和成就，无论是个人还是团队层面的。

2. 设计激励机制时需要考虑多样性和平等性，确保所有人都有公平的机会获得认可。

七、持续评估与调整

1. 定期检查目标的进展和需求的变化，及时调整策略以应对新的情况。

2. 保持灵活性，能够根据团队成员不断变化的发展需要及时调整计划，合理分配资源。

八、培养正面文化

1. 强调团队合作和相互支持的价值观，营造一个积极向上、包容的工作环境。

2. 鼓励团队成员之间的正向互动，培养团队精神和集体荣誉感。

九、自我反思

作为领导者，需要定期反思自己的行为和决策，确保它们符合道德标准，能够促进团队的健康发展，增进团队福祉。

通过遵循这些原则，你可以发掘和利用对方的潜在需求，满足团队成员需求的同时，还能够激发他们的潜力，促进团队和个人的共同成长。记住，发掘和利用对方的潜在需求应该是双向的，旨在建立长期的、互惠互利的关系。

2.5

心理诱导：聚心法则下的职场共识构建之道

在职场环境中，能够巧妙地引导他人的思维，使其与你的想法“自然而然”地达成一致，是一种极为宝贵的技能。这种技能，我们称之为“心理诱导”。它不仅仅是一种沟通的技巧，更是建立共识、推动团队向前迈进的“催化剂”。

心理诱导从心理学的角度来看，是一种通过特定的交流方式和技巧，影响他人思想、情绪或行为的过程，能够在一定程度上使之朝着预期的方向发展。这种引导过程往往涉及认知、情感和社会心理层面的交互作用，其目标是在不引发对方抵抗的情况下，使他人对某种观点、态度或行动产生认同或接受。

心理诱导的核心原理基于以下几点。

一、社会认知理论

人们会根据周围环境的线索和信息来构建对世界的理解。心理诱导通过提供特定的信息框架，影响个体的认知，使其倾向于接受某些观点。就像我们在看世界地图时，地图上的线条和颜色帮助我们理解国家的边界和地形。同样，人们通过周围的信息和环境线索来理解世界。心理诱导就像绘制地图的人，通过提供特定的信息框架，引导别人解读周围的环境，使他们更倾向于接受我们想要传达的观点。

二、说服理论

说服理论包括中心路径和外围路径说服。中心路径依赖逻辑论证和信息质量，外围路径则依赖非理性因素，如情感、权威和群体压力。心理诱导可能同时运用这两种路径，以增强说服效果。中心路径和外围路径犹如并行的两条不同路线。中心路径像一条需要深思熟虑的大道，依靠逻辑和事实来说服人；外围路径则像一条快速路，利用情感、权威人物的推荐或社会潮流来吸引注意力。心理诱导可能会结合使用这两条路线，用事实打动理智，用情感触动心灵，以增强其说服力。

三、社会影响理论

人是社会性动物，容易受到他人行为和观点的影响。心理诱导利用群体规范、社会证明和模仿效应，促使个体采取一致的行为或采纳相似的观点。作为社会性生物，人类的行为与决策往往深受周围群体的影响，恰似羊群中的每一只羊自然而然地追随领头羊的步伐，我们的思考与行动也时常被周围人的行为和观点牵引。心理诱导利用这种群体效应，通过展示大多数人都这么做的事实，或者通过榜样示范，促使个人跟随大多数人，采取相似的行为。

四、条件反射与操作条件作用

通过经典条件作用和操作条件作用，心理诱导可以建立新的关联来改变个体对特定刺激的反应模式，或者通过奖励和惩罚塑造行为。这就像训练小朋友整理玩具一样——当小朋友每次开始整理玩具时，父母就播放一段愉快的音乐。不久之后，小朋友一听到这段音乐就开始自发地整理玩具。同时，如果这个小朋友每次自觉整理完玩具后都能获得额外的游戏时间作为奖励，那么他将来更有可能主动去整理玩具。同理，心理诱导也可以通过奖励（如表扬、升职）或惩罚（如批评、降职）来塑造人们的行为，让他们对某些刺激形成习惯性的反应。

五、情感共鸣与移情

通过展示共情和建立情感联系，心理诱导可以降低防御性，使个体更愿意接受新信息或改变原有立场。当我们看电影时，如果电影中的角色经历困难，我们会感到同情和难过，这就是情感共鸣。心理诱导通过展示共情，建立情感上的连接，减少对方的戒备心，使他们更愿意听取我们的意见，甚至改变自己的立场。

六、认知失调理论

当个体的态度和行为之间存在冲突时，会产生不适感。心理诱导通过指出这种不一致性促使个体调整态度以减少失调感。如果一个人说他很健康，却每天吃垃圾食品，他的内心会有矛盾。心理诱导可以利用这种内在的不协调，指出言行不一的地方，促使这个人调整自己的行为或信念，以达到内心的和谐。

综上所述，心理诱导是一种运用心理学原理来影响他人思想和行为的技巧，它既包含了逻辑和事实的说服，也包含了情感和社交策略的运用，最终目的是建立共识和促进合作。

在职场或日常生活中，心理诱导则可以表现为一系列的策略，如使用开放式问题引导对话、通过故事讲述激发共鸣、利用正面反馈强化行为，以及创建一个支持性的环境来促进特定的行为模式。

在职场环境中，有效地运用心理诱导可以帮助你更好地表达你的观点，使之成为团队或组织的共识。以下是几种策略，你可以考虑在实践中应用。

一、开放式问题

在开始对话时，你可以使用开放式问题，鼓励同事分享他们的想法和感受，例如：“你对这个项目的看法是什么？”而不是直接陈述你的观点。这样可以让他人感到被尊重和倾听，从而更容易接受你的后续建议。

二、故事讲述

故事比数据和事实更能触动人心。通过讲述相关的故事，尤其是那些能引起共鸣的真实案例，可以激发听众的情感，使他们更加认同你的观点。比如，分享一个关于团队协作成功克服挑战的故事，来强调团队精神的重要性。

三、正面反馈

强化正面行为是塑造团队文化的关键。当你看到同事展现出你希望推广的行为时，需要及时给予正面反馈。这不仅能够激励该同事，还能向其他人展示这种行为的价值，间接地鼓励他们效仿。

四、创造支持性环境

你可以营造一个开放且充满支持的工作氛围，鼓励创新和讨论，确保每个人的声音都能被听到。这有助于减少成员的抵触情绪，增加他们对新观点的接受度。

五、展现领导力

作为领导者，你的行为和态度会对团队产生重大影响。通过以身作则展现出你希望看到的行为和价值观，可以在无形中引导团队朝着共同目标前进。

六、利用社会认同

提及行业内其他成功公司或团队的做法，利用“大家都这么做”的心理，可以增强你的论点的说服力。人们往往倾向于模仿成功者的做法，认为这是经过验证的有效策略。

七、逻辑论证与情感连接相结合

在提出观点时，先用数据和事实支撑你的论点，然后再加入情感层面的元素，如个人经验或行业趋势的预测，来加强听众的共鸣和认同感。

八、寻求共同点

你需要强调你们观点之间的共同基础，而不是分歧。找到并突出那些普遍认同的价值观或目标，这有助于减少对立情绪，促进团队内部的统一。

九、建立信任

信任是任何关系的基石，包括职场中的上下级和同事间的关系。通过保持诚实、透明，展现你可靠的品格，逐步建立起同事对你的信任，这将使得他们更愿意接受你的观点和建议。

十、适时的妥协

有时候，为了达成共识，可能需要做出一些妥协。展现出灵活性和愿意协商的态度，可以促进更广泛的接受度和合作精神。

通过这些策略，你不仅可以提高自己观点的接受度，还可以增强团队的凝聚力、提高工作效率，有助于构建一个更加积极和协作的工作环境。然而，值得注意的是，心理诱导应始终遵循伦理准则，确保尊重个体的自主权和尊严，避免操纵或欺骗。成功的心理诱导是建立在相互尊重、真诚沟通和共同利益的基础上的。

聚心法则

第三章

人脉编织

——构建你的“势力”网

3.1

关键人物攻略：识别并链接你的“引路人”

在职场中，建立广泛且深厚的人脉网络是通往成功的重要途径之一。其中，识别并接近那些能够对你的职业发展产生积极影响的“引路人”即关键人物，尤为关键。以下是一套精心设计的攻略，帮助你在职场中精准定位并有效接近这些“引路人”。

一、识别关键人物

1. **行业巨擘**：寻找在你的行业或领域内具有广泛影响力的人物。这些人可能是知名企业家、行业领袖、资深专家或意见领袖。他们的话语和行动往往能够引领行业风向，与他们建立联系，可以为你提供宝贵的知识和机遇。

2. **决策者**：无论在企业内部还是外部，决策者都是能够影响项目走向和资源分配的关键人物。他们可能处于高层管理岗位，或是特定项目的负责人。接近决策者，可以让你的项目或提案得到更多的关注和支持。

3. **资源丰富者**：这些人拥有丰富的资源，包括资金、人脉、知识和技能等。与资源丰富者建立联系，可以为你的项目或职业发展带来实际的帮助，如投资、引荐或合作机会。

4. **导师**：一位好的导师可以提供职业指导、行业洞见和人生智慧。寻找那些有经验、乐于分享并愿意指导后辈的前辈，他们可以成为你的良师益友。

二、接近关键人物的策略

1. **展示价值**：在接近关键人物时，你首先要考虑的是你能为他们带来什么价值。无论是专业知识、独特见解还是潜在的业务机会，明确自身的价值点，才能吸引对方的注意。

2. **建立共同点**：寻找与关键人物的共同点，可能是共同的兴趣、职业经历或是行业愿景。共同点是建立联系的基石，在关键时刻共同点可以作为初次接触的良好切入点。

3. **专业社交平台**：利用一些专业社交平台追踪关键人物的最新动态，主动参与他们发起的讨论，发表见解深刻的评论并分享有价值的内容。通过这种方式可以逐步建立起你的专业形象，同时引起对方的注意。

4. **行业活动**：参加行业会议、研讨会和社交聚会，这些都是接近关键人物的绝佳机会。你应该提前精心准备，带着明确的目的赴约，在会议或聚会中主动介绍自己，展现你的专业素养和热情。

5. **个人化邮件或信息**：发送一封精心撰写的邮件或信息，表明你对他们的工作有浓厚兴趣，提出具体的问题或见解，并邀请对方进一步交流。注意要确保内容真诚且有针对性，避免泛泛而谈。

6. **持续跟进**：建立联系后，要与对方保持定期沟通，分享行业动态、个人进展或有趣的文章。但要保持适度，避免因过于频繁的联系给对方带来困扰。

7. **提供帮助**：当有机会时，你需要主动提供帮助或资源，即使这并不直接与你自身利益相关。这种无私的行为能够建立良好的口碑，加深你们之间的关系。

识别并接近职场中的关键人物需要时间和耐心，但由此带来的回报往往是巨大的。通过上述策略，你可以逐步建立起一个由行业领袖、决策者和导师组成的强大人脉网络，为你的职业道路指引方向。建立关系是一个双向的过程，保持真诚、专业和乐于助人的态度，将使你在职场上走得更远。

3.2

人际资产累积：社交圈多元化

在职场生涯中，构建一个多元化的人际网络不仅是提升个人影响力的关键，也是开拓职业机遇的重要途径。一个广泛而多样的社交圈，能够为你的职业生涯带来不可估量的价值。无论是寻找新机遇、解决问题还是获取行业洞见，都可以通过人际网络来实现。以下是几个策略，帮助你开始累积这一宝贵的人际资产。

一、跨越行业界限

1．**跨界参与**：你不要局限于自己的专业领域，可以尝试参加不同行业的活动、研讨会或社交聚会。例如，如果你是一名金融从业者，不妨参加科技论坛或创意设计工作坊，这样不仅能拓宽视野，还有机会结识来自不同领域的新朋友。

2．**加入多元化的社团**：社团是连接志同道合人士的桥梁。尽量选择加入那些成员背景多样化的社团，如社区服务团体、运动俱乐部或兴趣小组，这些地方往往是多元社交圈的聚集地。

二、利用数字平台

1．**社交媒体与专业网络**：利用抖音、小红书、微博等社交媒体平台，主动关注和联系来自各行各业的专家和意见领袖。参与他们的帖子讨论，分享自己的见解，逐渐建立线上关系。

2．**在线课程与论坛**：注册参加跨领域的在线课程，或是活跃于行业相关论坛。这些平台不仅能够丰富你的知识库，还能让你遇到有着共同学习目标的伙伴。

三、建立深度联系

1．**个人化跟进**：与人初次接触后，务必发送个性化的感谢信或信息，以表达你对这次交流的珍视。随后，定期分享相关资讯或问候，以此保持联系。

2．**提供价值**：持续思考你能为网络中的每一个人带来的独特价值。无论是行业洞见交流、资源分享还是专业咨询，主动提供帮助能够深化彼此的关系。

四、持续投资时间

1．**定期举办聚会**：定期组织或参加聚会，邀请不同背景的朋友相聚。这样的聚会不仅能够巩固现有关系，还能通过朋友的朋友引入新的联系。

2．**参与志愿服务**：志愿服务活动是结识各类人群的绝佳场所。通过共同参与公益活动，你不仅能够为社会做出贡献，还能与志同道合的人建立深厚的友谊。

五、保持开放心态

1．**持续学习**：保持对新知识和新技能开放的学习态度，这不仅能提升你的个人魅力，还能增加与不同行业人士对话的资本。

2．**倾听与尊重**：在与不同背景的人交往时，始终保持谦逊和尊重，认真倾听他们的观点和经验。这种态度能够让你赢得他人的尊重和信任。

社交圈多元化，是职场成功的关键之一。它不仅能够为你的职业道路增添色彩，还能在关键时刻提供意想不到的支持和机遇。记住，人际资产的累积是一个长期的过程，需要耐心和恒心。投资人际关系就如同播种，随着时间的推移，你会收获丰硕的果实。

3.3

互惠共赢：激活人脉网的强大效能

在职场中，构建和维护一个强大的人脉网不仅是职业发展的加速器，更是面对挑战时的安全网。一个健康的、基于互惠互利原则的关系网络，能够为你的职业生涯提供无尽的可能性和支撑。本节将探讨如何有效利用你的人脉网，使之成为职场中的强大后盾。

一、理解互惠互利的本质

互惠互利是人际关系中最基本的法则之一，它意味着在你从他人那里获得帮助和支持的同时，你也在为他人提供价值。这种双向的价值交换能够加深彼此的信任和尊重，从而建立更加牢固的联系。在职场中，这意味着当你需要职业指导、资源引荐或合作机会时，你同样应该准备好为他人做同样的事情。

二、主动建立联系

不要等到需要帮助时才想起联系人。主动出击，定期与你的联系人保持沟通，了解他们的近况，分享你的职业进展和行业洞察。参与行业活动、加入专业社群，这些都是结识新朋友和深化已有关系的好机会。

三、提供价值

在每一次交流中，思考你能为对方带来什么。这可能包括分享行业资讯、提供专业意见、引荐潜在的合作伙伴或客户。通过为他人创造价值，你将自然而然地提升自己在人脉网中的地位，成为值得信赖的合作伙伴。

四、维护长期关系

职场关系的维护需要时间和精力的投入。即使在忙碌的工作日程中，也要记得定期与关键联系人沟通，表达你的关心和感激。在对方有需要时伸出援手，这将大大加固你们之间的情感纽带。

五、寻求共赢机会

在你的人脉网中你要寻找可以共同受益的机会。无论是共同开发项目、合作撰写文章，还是联合举办行业活动，当双方都能从中获益时，合作关系将更加紧密和持久。

六、诚信与透明

在所有的职场交往中，诚信和透明度至关重要。确保你的行为始终遵循高标准的职业道德，对待每一个联系人都要公正、诚恳。这样，你才能在人脉网中建立良好的声誉，成为他人愿意长期合作的对象。

七、拓展你的人脉网

不要局限于同一行业或职能领域，努力拓展你的人脉网至不同背景和专业的人士。一个多元化的人脉网能够提供更广阔的视角和更多的机遇。

在职场中，你的人脉网是你的宝贵财富。通过理解并实践互惠互利的原则，你可以将你的联系人转变为职业道路上的强大后盾。记住，关系的建立和维护是一个长期的过程，需要持续的努力和真诚的付出。当你在职场中遇到挑战时，一个充满活力和互惠精神的人脉网将成为你最坚实的依靠。

3.4

隐形团队：
打造幕后的助力团队

在现代职场的复杂生态中，除了显而易见的团队结构和层级，还存在着一种更为隐秘却同样重要的力量——隐形团队。这些隐形团队由一群默默无闻却不可或缺的支持者组成，他们或许不在正式的组织架构图上占有一席之地，却在幕后发挥着举足轻重的作用。本节将探讨隐形团队的构建与价值，以及如何在职场中挖掘和利用这些看不见的助力网。

一、隐形团队的定义

隐形团队是指那些未被正式命名或记录，但对组织运作起着关键支撑作用的非正式群体。它们的组建可以源自共同兴趣、深厚的专业背景或共同参与的工作项目，也可以因特定任务或危机临时组成。隐形团队成员之间通常基于信任、共同目标和相互尊重而建立联系，他们通过非正式的沟通渠道，如即时消息、私下会议或社交媒体群组进行协作。

在此，举一个例子来阐释隐形团队的含义。

在一个大型科技公司中，有几位来自不同部门的员工——产品设计师李林、软件工程师张伟、市场营销专家赵莉和财务分析师王强。他们在一次偶然的公司活动中相识，发现彼此对创新技术和市场趋势有着共同的兴趣。尽管他们的日常工作并不直接关联，但他们意识到，如果能将各自的专业知识结合起来，或许能够开发出一款具有市场潜力的新产品。

于是，他们决定成立一个非正式的小组，称为“创想工坊”。这个小组没有出现在公司的正式组织架构中，也不受制于常规的工作流程和报告体系。他们利用业余时间，通过即时通信软件和在线会议平台进行沟通，分享各自领域的最新动态，讨论潜在的市场机会，以及如何将这些机会转化为实际的产品概念。

随着时间的推移，“创想工坊”逐渐发展成为一个小型的创意孵化平台。李林负责产品的外观设计，张伟负责技术实现，赵莉提供市场分析和营销策略，王强则评估项目的财务可行性。他们共同制订了一套创新产品的初步方案，并在内部进行了一次非正式的演示，获得了公司高层的关注和支持。

这个案例中的“创想工坊”就是一个典型的隐形团队。它由来自不同部门的员工自发组成，基于共同的兴趣和目标，通过非正式的沟通渠道协作，最终对组织产生了实质性的贡献。隐形团队的优势在于，它能够突破传统的部门界限，促进跨职能的合作，加速创新过程，同时也为参与的员工提供了个人成长和实现自我价值的机会。这类团队的存在，对于提升组织的灵活性、创新能力和员工的参与感都有着不可忽视的作用。

二、隐形团队的价值

1．**敏捷响应**：隐形团队因其非正式的特性，能够迅速集结，对突发状况和市场变化做出快速反应，弥补正式团队在灵活性方面的不足。

2．**资源共享**：成员间的信息和资源交换更为自由和高效，有助于创新想法的产生和传播，促进知识的横向流动。

3．**心理安全感**：在非正式的环境中，成员更容易表达真实想法和大胆质疑，这种心理安全感有利于团队的创新和问题解决。

4．**跨部门协作**：隐形团队往往跨越传统部门界限，促进跨职能合作，有助于打破信息孤岛，实现组织资源的最优配置。

三、构建隐形团队的策略

1．**培养信任与尊重**：建立隐形团队的前提是成员间的信任与尊重。领导者应通过公平、透明的管理，以及鼓励开放沟通的文化，为团队成员创造一个安全的交流环境。

2．**促进跨部门交流**：组织应设计跨部门的项目或活动，鼓励不同背景的员工相互了解和合作，为隐形团队的形成提供“土壤”。

3．**利用数字工具**：利用企业社交平台、项目管理软件等数字工具，促进信息的无障碍流通，便于隐形团队成员的即时沟通和协作。

4．**赋权与认可**：给予隐形团队成员足够的自主权，让他们在项目中发挥创造力。同时，通过正式或非正式的方式，认可他们的贡献，提升团队的凝聚力和归属感。

四、隐形团队的管理与挑战

隐形团队的管理需要领导者具备高度的情商和协调能力。一方面，要尊重团队的自发性和灵活性，避免过度干预；另一方面，要确保隐形团队的目标与组织战略相一致，避免资源浪费或利益冲突。此外，领导者还需关注隐形团队的透明度，以防小团体主义或信息不对称带来负面影响。

隐形团队是职场中的一股隐形力量，它们在正式结构之外编织了一张看不见的助力网，为组织的创新和效率提供源源不断的动力。通过培养信任、促进交流、利用数字工具和赋权认可，领导者可以构建和管理好这些隐形团队，让它们成为组织竞争优势的源泉。在日益复杂的商业环境中，隐形团队将成为组织应对外部挑战、实现内部协同的关键。

聚心法则

第四章

形象塑造

——构建你的权威影响力

4.1

领导气质：如何让人一眼记住

在职场的江湖里，个人形象犹如一面镜子，映射出你的专业素养、个人魅力与领导潜力。常言道："人靠衣装，马靠鞍。"这句古训至今依然熠熠生辉。在现代职场中，第一印象往往决定了后续的交往深度，正所谓"先敬罗衣后敬人"。一个有领导气质的形象，能够让人在瞬间留下深刻印象，成为职业生涯中的无形资产。

在中国历史上，三国时期的魏国领袖曹操以其雄才大略著称于世。然而，关于他的外貌描述，史书中有"姿貌短小"之说，这在讲究外表与内在相符的古代，似乎成了他的一大遗憾。但曹操的智慧与胆识，让他在一次外交事件中，巧妙地展现了个人气质，上演了一出令人称奇的外交"好戏"，展现了气质超越外表的真谛。

公元 216 年，匈奴使者远道而来。曹操深知此次会面的重要性，但又对自己的外貌颇为顾虑，担心不能在外交舞台上展现大国领袖的威严。于是，他做出了一个大胆的决定：让当时朝中以英俊潇洒著称的崔琰代替自己出席，他自己则装扮成一名护卫，静立一旁。

宴席上，崔琰装扮成的“曹操”风度翩翩，谈吐不凡，令匈奴使者赞叹不已。然而，在场的所有人都没有注意到，那个看似不起眼的“护卫”，正用他深邃的眼神、沉稳的举止，悄然吸引着使者的目光。尽管“曹操”（崔琰）的外貌令人赏心悦目，但曹操本人所散发出来的那种不容忽视的领袖气质，却在无形之中征服了所有人的心。

宴毕，使者私下对曹操的谋士郭嘉说：“魏王确实英俊，但我认为，真正的英雄是那位护卫。”郭嘉闻言，心中一惊，曹操的意图本是掩饰自己的外貌不足，没想到气质的力量竟让使者一眼识破了真相。

使者回国后不久，曹操收到了匈奴的消息，称使者已不幸遇难。虽然历史没有记载使者死亡的具体原因，但可以想象，曹操对于使者能够识破其伪装，心中或许有所警惕。不过，从另一个角度来看，这件事恰恰证明了气质的影响力远胜于外表。

曹操与崔琰的故事，深刻揭示了气质在个人形象塑造中的重要性。在职场乃至人生的各个领域，我们或许无法改变自己的外貌，但可以通过修炼内在品质，提升自己的气场与魅力。真正的领导者，不一定拥有出众的外表，但他们一定具备独特的气质，这种气质能够吸引他人，赢得尊重，甚至在关键时刻扭转局势。正如曹操所展现的，一个真正强大的人，他的气质足以弥补一切外在的不足，成为他最有力的武器。

那么，我们要如何塑造职场的领导者形象呢？

一、专业着装与仪表：展现专业态度

在职场的舞台上，你的着装是无声的语言，它诉说着你的专业与态度。一套剪裁得体的职业装，不仅彰显你的职业身份，更传递出对工作的尊重与热情。保持仪表的整洁，不仅是对自己形象的负责，更是对外界的尊重。保持发型整齐，指甲干净，每一处细节都在无声中透露出你的自律与精致。恰到好处的配饰，如简约的手表、经典的领带，点缀出你的品位与格调，使你在职场中的形象独树一帜。

二、非言语沟通：无声胜有声

非言语沟通，是领导气质的无声宣言。挺拔的身姿，不仅展现你的自信，更传达出你的专业与专注。坚定而温暖的眼神能够建立与他人的信任与连接。一个真诚的微笑胜过千言万语，它能够瞬间拉近你与他人的距离，营造轻松愉悦的氛围。学会运用身体语言，以开放的姿态与自信的举止展现你的亲和力与领导力，让强大的气场在不经意间绽放。

三、卓越的沟通技巧：搭建沟通的桥梁

在职场中，卓越的沟通技巧是不可或缺的软实力。清晰而有力的表达能够让你的观点深入人心；善于倾听则是尊重他人、理解需求的表现。适时的反馈无论是肯定还是建议，都能够增强团队的凝聚力、提高效率。通过高效的沟通，你不仅能够展现个人魅力，还能在团队中树立威信，引领团队向前。

四、内在素养的培养：内外兼修的智慧

领导气质，根植于内在的修为。持续学习，不断提升专业技能，使你在职场中成为不可或缺的专家。开阔的视野与深刻的洞察力，让你能够预见趋势，把握先机。培养批判性思维，锻炼解决问题的能力，使你成为团队中的智者。内在的素养是你领导气质的源泉，它让你在面对挑战时，依旧能够保持冷静与睿智，促使团队稳步向前。

五、打造个性标签，维护社交形象：数字化时代的个人品牌

在数字化时代，个人品牌的塑造不再局限于线下。通过社交媒体，如微信朋友圈，你能够展现一个多维度的自己。分享专业见解，展示你的行业洞见与职业成长；记录生活点滴，分享你的兴趣与价值观，让外界看到一个真实、立体的你。定期更新，与人互动，不仅能够扩大你的影响力，更能够建立一个积极向上、专业而真实的人设，从而成为职场中的闪亮名片。

真正的领导，不需过多言语，其气度与内涵已足以令人敬佩。在职场中，通过专业着装、非言语沟通、卓越的沟通技巧、内在素养的培养以及个人品牌的塑造，你能够锻造出属于自己的领导气质。记住，真正的力量源于内在，当你的内在强大时便无须多言，你的存在本身，就已经足够令人敬畏。在职场的征途中，让我们携手共同塑造那份令人一眼难忘的领导气质，让个人品牌成为职业生涯中最为宝贵的财富。

4.2

语言的力量：用语言构建信任与权威

在全球化的今天，信息的瞬息万变和事件的突发性考验着每个人的信息处理能力，尤其是语言的运用能力。

语言的力量毋庸置疑。历史上那些铿锵有力的话语，不仅激励了无数人，也成了永恒的经典。文天祥的“人生自古谁无死，留取丹心照汗青”引无数人奋发向前；谭嗣同的“我自横刀向天笑，去留肝胆两昆仑”表达了舍生取义的决心；鲁迅先生的“寄意寒星荃不察，我以我血荐轩辕”则体现了为国为民不惜一切的崇高精神。这些话语，不仅让人热血沸腾，更能激发我们内心深处无限的勇气和力量。

除了这些催人奋进的话语，还有一些温柔而深刻的句子，它们如同春风拂面，能够洗涤心灵，让人感受到生活的美好。例如，“山中何事？松花酿酒，春水煎茶”让人仿佛置身于宁静的山林之中，感受大自然的美好和平静；“枕上诗书闲处好，门前风景雨来佳”这样的诗句，则让人体会到平淡生活的宁静与幸福。

无论是铿锵有力的话语，还是温柔细腻的言辞，都在不同的层面上影响着我们，成为我们精神世界的一部分。它们远非文字的堆砌，而是情感与思想的传递，激励着一代又一代人勇往直前，同时也让我们在忙碌与喧嚣中寻找到心灵的慰藉。

在职场中，语言不单单是沟通的工具，更是影响他人、展现领导力和构建个人品牌的关键。一句能够让人信服的言辞不仅能够促进团队合作，还能在关键时刻左右决策的走向。以下，我们将深入探讨如何在职场社交与领导力的场景中，运用语言的力量让人信服。

一、建立信任与共鸣

1．**坦诚与透明**：在表达观点时，保持真实和透明，避免隐藏重要信息。真诚的沟通能够建立信任，让对方感受到你的可靠性。

你是一名项目经理，在向团队成员解释一项即将启动的新项目时，你详细介绍了项目的背景、目标以及可能面临的挑战。你不仅分享了项目的积极方面，还坦诚地指出了潜在的风险和不确定性。这种透明的沟通方式可以让你的团队成员感受到你的诚实和可靠，有助于增加他们对项目的信任和支持。

2．**倾听与理解**：真正的沟通是双向的。倾听他人的观点，给予尊重和理解，能够让对方感受到被重视，从而更愿意接受你的观点。

你是团队中的一名成员，在讨论一个项目方案时，另一位同事提出了一个与你的想法截然不同的方案。你认真听取了对方的观点，并表达了对其想法的理解和尊重。即使最终没有采纳对方的方案，你的倾听和理解也会让对方感受到被重视，进而增强团队的合作氛围。

二、清晰与逻辑性

1．**条理清晰**：在表达复杂观点时，宜采用递进的方式，先阐述背景，再逐步推进论点，最后总结结论。清晰的逻辑结构能够帮助听众更好地理解你的观点。

你是一名产品经理，在向团队介绍一项新产品功能时，你采用了以下条理清晰的方式来阐述复杂的观点。

（1）背景介绍：首先，你简要概述了市场的现状，指出了用户需求的变化，揭示了市场上类似产品的不足之处，并强调了用户对于更高效解决方案的需求正日益增长。

（2）论点推进：其次，你详细解释了新功能如何解决现有问题，并列举了具体案例。例如，你详细描述了新功能如何通过自动化流程减少用户的操作时间，进而提高工作效率，并借助图表直观地展示了用户操作次数的显著减少。

（3）结论总结：最后，你总结了新功能的优势和预期效益，并强调了它对公司战略的重要意义。你强调了新功能不仅能够满足用户需求，还能够帮助公司在竞争激烈的市场中脱颖而出，增加市场份额。

通过这种条理清晰的表述方式，你可以确保团队成员能够清晰地理解新功能的价值和重要性，同时为后续的讨论和决策打下坚实的基础。

2. **事实与数据**：运用事实、数据和可靠来源来支撑你的观点，增加话语的说服力。

你是一名市场分析师，在向管理层汇报一项市场调研结果时，采用事实与数据的方式来强化你的观点。

（1）背景介绍：首先，你向管理层简要介绍了当前市场竞争格局，指出了公司在特定市场领域的位置。

（2）数据支持：其次，你向管理层提供了详尽的数据分析报告，该报告涵盖了市场份额变化趋势、竞争对手分析等内容。例如，你明确提到最近一年内公司在目标市场的份额从 10% 增长至 15% ，并且引用了权威机构发布的市场研究报告作为支持。

（3）结论总结：最后，你基于严谨的数据分析得出结论，并提出了相应的市场策略建议。为了增强建议的可信度，你还引用了行业研究报告作为理论支撑。你强调，通过实施特定的市场营销活动，公司在未来两年内有望将市场份额进一步提升至20%。

通过这种提供具体数据并引用可靠消息来源的表达方式，可以让你的报告更具说服力，从而更容易让你得到管理层的认可和支持。

三、情感与故事

1．**情感共鸣**：通过故事讲述和比喻，触动听众的情感，建立共鸣。实践证明，人们往往更容易记住和响应情感丰富的信息。

我们可以对比以下两种表述对于人们心灵的冲击力。

（1）原始表述："为了提高销售额，我们需要加强我们的营销策略。"

（2）故事化表述："想象一下，在一个寒冷的冬夜，一位顾客漫步在熙熙攘攘的商业街上。当他经过一家店铺时，被橱窗里的一件温暖的毛衣吸引。这家店铺正是我们精心布置的，我们用温馨的灯光和精心挑选的商品营造出一种家的感觉。当这位顾客走进店内，我们的店员立刻迎了上去，带着亲切的笑容，就像老朋友一样问候他。店员了解了他的需求，并向他推荐了几款适合他的毛衣。最终，顾客满意地离开了店铺，手里拿着那件让他感到温暖的毛衣。这个小小的互动不仅让顾客感到被重视，也增加了对我们品牌的忠诚度。这就是我们要做的——通过我们的营销策略，让每一位顾客都感受到这种温暖和归属感，从而提升我们的销售额。"

很明显，我们能记住，并有兴趣了解的，是第二种故事化的表述方式。

2．**正面语言**：使用积极正面的词汇，避免使用负面或攻击性的语言，这样能够营造更加和谐的沟通氛围。

在日常工作中，当你需要指出某个项目存在的问题时，可以采用鼓励和建设性的措辞，而非直接批评。与其说“这个方案完全行不通”，不如说“我们可以一起探讨如何优化这个方案，使其更符合我们的目标”。这种表达方式不仅保留了信息的实质，还传达了团队合作和解决问题的意愿，避免了可能引起的防御或抵触情绪。

在团队讨论中，如果某位同事提出了一个不太成熟的想法，为了避免直接否定，可以这样说：“这是一个很有创意的角度，如果我们结合实际情况进一步细化，可能会有很好的成效。”这样的反馈既肯定了对方的贡献，又提出了改进的方向，鼓励了创新思维，同时也促进了团队成员之间的相互尊重和理解。

积极正面的语言是职场沟通中的润滑剂，它能够促进团队合作，增强个人间的相互理解与尊重，营造出一个支持性和鼓励性的氛围。通过培养积极的沟通习惯，你不仅能够提升个人的职场影响力，还能为整个团队创造一个更加健康、高效的工作环境。

四、权威与自信

1. **专业性**：展现你的专业素养和知识，使用行业术语和高级词汇，这样做能够增强话语的权威性。

你是一名律师，你在与人交谈中，如果经常使用“诉讼时效”“程序正义”等行业术语，就会给客户营造出一种“你很专业”“案件交给你会让人放心”的心理印象。相反，如果你和客户交谈时，连行业术语都说不出来，那么客户会质疑你的专业性。

2．**自信表现**：用坚定的语气和自信的态度讲话，展现出你的领导力和决断力。

五、互动与反馈

1．**开放式问题**：使用开放式问题引导对话，鼓励对方分享更多，这样可以更好地了解对方的立场，同时也表现出你的开放性和包容心。

（1）关于个人经历："你能分享一下对你来说最难忘的经历是什么吗？""你是怎么开始对这个领域感兴趣的？"

（2）关于挑战和解决方案："你在处理这个项目时遇到了哪些挑战？你是如何克服这些困难的？""你认为我们团队面临的最大挑战是什么？有什么建议来应对这些挑战吗？"

（3）关于学习和发展："你在过去一年中学到了什么新的技能或知识？""你有没有参加过对你有很大帮助的工作坊或培训课程？"

2．**积极反馈**：给予正面的反馈，即使是批评，也要以建设性的方式提出，这样能够营造积极的交流氛围。

（1）积极反馈：你可以表扬具体行为，"我真的很欣赏你昨天在会议上的发言，你的见解非常独到，给整个团队带来了新的视角。"

（2）建设性建议："我注意到在报告中有一些数据没有被充分解释。也许下次我们可以一起检查这些部分，确保所有信息都是清晰且完整的。"

六、适应与灵活性

1．**了解听众**：你要根据听众的特点和偏好调整你的沟通风格，无论是正式的报告还是非正式的聊天，都需要有不同的沟通策略。

在正式的报告与会议演讲中，面对高层管理者、董事会成员或专业同行，你的沟通应体现出专业性与严谨性。这意味着你需要事先准备充分，了解听众的背景和兴趣，确保你的报告结构清晰、逻辑严密，用数据和案例支撑观点，同时适当使用行业术语，展现出你的专业素养。语言上应保持正式和礼貌，以权威和自信的态度传达信息。

而在非正式的聊天或团队聚餐场合，与同事或团队成员的交流则更侧重于建立个人关系和情感连接。这时，倾听成为首要任务，同时展现出你的同理心和兴趣。轻松的话题、幽默的故事能够拉近彼此的距离，营造一个温馨愉快的氛围。直接而真诚的表达加上自然的肢体语言和表情，能够传递出开放和友好的信号，促进更深层次的沟通和理解。

跨文化沟通则要求更高的文化敏感性和包容性。与来自不同文化背景的同事或合作伙伴交流时，了解对方的文化习俗和交流偏好至关重要。在交流过程中应使用简单明了的语言，规避文化特异性强的表达，同时保持耐心，尊重对方的沟通方式，经常确认对方的理解，以避免误解和沟通障碍。在跨文化情境下，展现文化意识和尊重，能够促进更有效的交流和建立更紧密的合作关系。

2．**适时调整**：在沟通过程中，根据对方的反应灵活调整你的言辞，确保信息的有效传递。

你是一位项目经理，现在需要向团队成员解释一项新任务的重要性和紧迫性。于是你这样和你的团队成员说："大家好，我想谈谈即将开始的新项目。这个项目对我们公司来说非常重要，我们需要尽快完成。"但这个时候，你的团队成员给出了相对负面的反应，他说："这个项目听起来很有挑战性，但我们手头还有一些正在进行的任务，你觉得我们应该如何平衡这些工作？"

这时候，你就要根据团队成员的反应来调整你的表述了，你可以接着说："非常好的问题，确实我们目前有多个项目在同步推进。为了确保顺利过渡，我们可以考虑将一些非关键任务暂时放缓，同时分配更多的资源给这个新项目。此外，我会和管理层协商，看看能否为我们提供额外的支持。你觉得这样做可行吗？”

总之，在表述的时候，你要“具体问题具体分析”，根据对方的反应来调整你的言辞。

综上所述，在职场中，掌握让人信服的言辞艺术是提升个人影响力和领导力的关键。通过建立信任、清晰表达、情感共鸣、展现权威、互动反馈以及适应性沟通，你能够更加有效地影响他人，促进团队合作，实现职业目标。记住，每一次沟通都是一个机会，要让你的语言成为职场中最有力量的武器。

4.3

形象管理：做内外兼修的领导者

在职场的舞台上，每一位领导者都是自己品牌形象的设计师。形象管理不仅关乎外在的仪容仪表，更深层次地，它涉及内在品德与价值观的塑造。一个内外兼修的领导者，不仅能够赢得团队的尊重与信任，还能在职场社交中展现出独特的个人魅力。以下，我们将探讨如何在职场中通过外在形象与内在品德的双重修炼成为真正的领导者。

一、外在形象：服饰、卫生与仪容仪表

1．**专业着装**：着装是个人形象的第一张名片。一套合身的职业装不仅体现了对工作的尊重，也彰显了个人品位与专业态度。根据你的工作环境选择适合的着装风格，无论是商务正装还是休闲装，都应保持整洁、得体。

2．**个人卫生**：良好的个人卫生习惯是尊重他人与自我的表现。保持整洁的头发、修剪整齐的指甲、清新的口气，这些细节都能给人留下积极的第一印象。

3．**仪容仪表**：自信的仪态与优雅的举止能够增强个人魅力。练习良好的站姿、坐姿，保持眼神交流，微笑待人，这些非言语的沟通方式能够展现你的

自信与亲和力。

二、内在品德：建立正确的价值观

1．**上进心**：持续的学习与进步是内在品德的重要体现。一个优秀的领导者，应该具备不断学习新知识、新技能的热情，以适应不断变化的职场环境。

2．**努力与坚韧**：面对挑战与困难时，不轻易放弃，展现出坚韧不拔的精神。努力工作，勇于承担责任，能够激励团队成员攻克难关，共同前进。

3．**深入思考**：具备批判性思维与解决问题的能力，能够从多个角度审视问题，做出明智的决策。深入思考，不仅能够提升个人的决策水平，也能在团队中树立权威形象。

4．**正直与诚信**：坚守正直与诚信的原则，是领导者赢得团队信任与尊重的基础。在任何情况下，坚持做正确的事情，即使面临压力也不妥协，这样的品德能够树立良好的榜样。

5．**团队精神**：懂得协作与分享，重视团队成员的贡献，能够营造和谐的工作氛围，促进团队的整体发展。

在职场中，成为一名内外兼修的领导者，意味着不仅要注重外在形象的管理，更要培养内在品德与价值观。通过专业着装、个人卫生与优雅的仪态，展现你的职业形象；通过上进心、努力与坚韧、深入思考以及正直诚信的品质，建立个人的领导力。在职场社交中，这样的领导者不仅能够吸引他人，更能引领团队向着共同的目标前进。记住，真正的领导力，是从内而外散发的魅力，它能够在职场的每个角落，绽放出耀眼的光芒。

4.4

隐藏实力：低调中的力量展示

在现代社会的快节奏与复杂性中，无论是商务谈判的博弈，还是职场晋升的竞争，展示实力与“秀肌肉”往往成为不可或缺的环节。然而，如何在展示自己的同时避免过于招摇成为需要关注的问题。本节将探讨在职场社交中，如何巧妙而不张扬地展现自己的实力，实现低调中的力量展示。

在职场的各个阶段，无论是与合作伙伴的初次见面，商务谈判桌上的较量，还是面对竞争对手的挑战，适时地展示自己的实力即“秀肌肉”是必要的。这不仅能够树立自信的形象，还能在关键时刻为自己争取到更多的机会与资源。例如，在商务谈判中，适当展现公司的业绩和市场地位，可以增强对方的信任感；在面对职场竞争时，适时展示自己的专业能力和过往成就，能够提升个人的竞争力。

然而，“秀肌肉”若不加以控制，很容易变成一种炫耀，适得其反。比如，有人在微信朋友圈中频繁晒出自己的工作成果、奢华生活或是高端人脉，以此彰显自己的地位与成就。虽然短期内可能会引来羡慕的目光，但长期来看，这种过度的炫耀往往会引发他人的反感与嫉妒，甚至破坏自身的专业形象。在职场中，过于招摇的“秀肌肉”不仅不能增强个人影响力，反而可能给自己带来麻烦。

真正的智慧则在于，如何在不张扬的前提下，巧妙地展示自己的实力与成就。那么，我们该如何做呢？

一、分享经验

在分享工作成果时，将焦点放在背后的努力与学到的经验教训上，而非单纯夸耀成果。通过讲述项目背后的挑战、解决问题的策略以及个人成长的历程，你不仅能够展示自己的专业态度和成长轨迹，还能激发他人的共鸣与学习兴趣，避免落入炫耀的陷阱。例如，在团队会议上，可以分享一次艰难的项目经历，重点讲述你是如何克服障碍、与团队协作解决问题的，这样的分享能够提升你的领导力形象，同时也能鼓励团队成员面对挑战时保持积极态度。

二、借助第三方的赞誉

利用同事、客户或行业内的正面评价来间接展示你的实力。第三方的赞誉通常更客观、更有说服力，能够显著提升你的个人可信度，避免自我吹嘘带来的负面效应。例如，你可以在个人简介或社交媒体上引用客户对你的正面反馈，或是展示行业奖项和认证，这些都能够从侧面证实你的专业能力和行业地位，增强你的职场形象。

三、情境化展示

在职场特定场合，如项目汇报或团队会议中，将个人贡献融入团队成功的背景之下进行分享。通过情境化的展示，你能够突出自己在团队中的价值，同时强调团队合作的重要性，避免过分突出个人，保持团队和谐。例如，在项目成功后的总结会上，可以提到团队成员的共同努力，同时指出自己在项目中扮演的关键角色和做出的贡献，这样的分享方式既展现了个人实力，又体现了团队精神。

四、专业平台的低调展现

利用专业社交平台，定期更新个人简历，分享行业洞见和专业文章。这种方式不仅能够展示你的专业能力和行业影响力，还能吸引潜在的合作伙伴或雇主的关注。通过定期分享有价值的内容，如行业趋势分析、专业技能指南等，你能够逐渐建立起个人品牌，成为行业内的意见领袖，而这通常比直接展示成就更为低调且有效。

五、行动胜于言语

最有力的“秀肌肉”方式莫过于通过实际行动和持续的优秀表现。在日常工作中，专注于产出高质量的工作成果，积极参与团队建设，这些行为自然会在同事和上级心中树立起专业与可靠的个人形象。例如，你可以主动承担额外的责任，或是发起创新项目，通过实际行动展现你的领导力和专业能力。这样的表现往往比言语更具有说服力，也更能够赢得他人的尊重与信任。

在职场社交中，巧妙而低调地展示实力，是一种智慧与策略的结合。通过分享经验、借助第三方赞誉、情境化展示、专业平台的低调展现，以及行动上的持续优秀，你能够在不招摇的情况下，实现个人价值的有效传递。记住，真正的力量不需要大声喧哗，它会在不经意间，以最自然的方式展现出来。在职场的征途中，让智慧成为你最有力的武器，让低调的力量，成为你最闪耀的光芒。

4.5

展现成果：让下属的闪光点成为你的加分项

在职场的广阔舞台上，每位领导者都渴望成为众人瞩目的焦点，但真正的领导者懂得，个人的成功往往源自团队的辉煌。将下属的闪光点巧妙地融入个人成就之中，不仅能够彰显你的领导力，还能在职场社交中赢得更多的尊重与机遇。本节将探讨如何通过展现团队成果，让下属的闪光点成为你的加分项，从而在职场社交中脱颖而出。

在一个充满竞争的科技公司里，有两个团队领导，李可与王聪，他们的管理风格截然不同，却在各自的团队中演绎着不同的职场哲学。

李可，一位才华横溢但也相当自负的领导者，他带领的团队成员个个都是精英，但其中不乏野心勃勃的年轻人，渴望在职场中崭露头角。每当发现团队中有人展现出超越常人的能力，李可就会感到威胁，生怕对方的光芒盖过自己。于是，他开始采取一系列措施，从分配任务时的刻意忽视，到公开场合的轻微打压，李可试图限制这些潜在竞争对手的发展空间。他相信，只有自己保持在团队的中心位置，才能确保自己的地位不受动摇。

相比之下，王聪则展现出了截然不同的领导风格。他深知，人才是公司最宝贵的财富，而优秀的下属更是推动团队前进的引擎。每当发现团队中有潜力的成员，王聪总是不遗余力地提供机会，鼓励他们尝试新事物，承担更重要的责任。他相信，下属的成功，最终也会映衬出自己的领导力。

随着时间的推移，两位领导者的决策开始显现效果。李可的团队虽然表面上稳定，但在内部却弥漫着一股压抑的气氛，团队成员的积极性逐渐消磨，创新的动力也日渐式微。相反，王聪的团队却呈现出一片生机勃勃的景象，成员们在王聪的鼓励下，不仅个人能力得到了显著提升，团队的业绩也屡创新高。

尤其值得一提的是，王聪团队中的一位年轻工程师张立，在王聪的全力支持下，逐渐成长为行业的技术领袖。几年后，张立决定创立自己的科技公司，虽然离开了王聪的团队，但两人的关系并没有因此疏远。张立的新公司在初创阶段就与王聪的团队展开了深度合作，双方在多个项目中实现了共赢，不仅推动了王聪的事业发展，也让张立的企业迅速崛起，成为行业内的新星。

故事的结尾，李可与王聪的命运截然不同。李可的团队因为缺乏创新和活力，最终在激烈的市场竞争中逐渐落后；而王聪，凭借着开放的胸怀和对人才的尊重，不仅收获了一支忠诚且充满战斗力的团队，更建立起了深厚的人脉网络，事业蒸蒸日上。

这个故事告诉我们，在现代社会，人与人之间的关系不是简单的竞争与压制，而是相互成就与共同成长。真正的领导者，不仅要有远见卓识，更要有胸怀天下的格局，愿意捧人而非踩人才能在职场的征途中走得更远，飞得更高。

那么，面对有着闪光点的下属，我们应该怎么做呢？

一、认可与分享

作为领导者，首先要学会认可下属的贡献。在团队取得成绩时，及时公开表扬那些在项目中发挥关键作用的成员，不仅能够提升团队士气，还能展现你作为领导者的胸怀与格局。在职场社交场合，不妨主动提及团队成员的卓越表现，比如在会议中分享某位员工的创新思路如何解决了项目难题，或是某位团队成员的辛勤工作如何推动了项目的顺利进展。这样的分享，不仅能够让下属感到被重视，还能让外部人士看到你作为领导者的团队协作精神与人才培养能力。

二、搭建平台

为下属提供展示才华的舞台，是展现团队成果的另一种方式。在内部培训、项目展示或是行业交流活动中，鼓励并推荐下属担任主讲人或代表团队发言，这不仅能够帮助他们提升个人影响力，也能从侧面反映出你作为领导者的前瞻视野与人才战略。当你的下属在各种场合中大放异彩，他们的成功自然也会成为你领导力的佐证。

三、成果共享

在向高层或外部合作伙伴汇报项目成果时，确保将下属的贡献清晰地呈现出来。制作汇报材料时，可以专门设置一个“团队之星”环节，详细介绍团队成员的贡献与亮点，甚至可以邀请部分下属亲自参与汇报，让他们直接与高层或合作伙伴进行交流。这种做法不仅能够增强团队的凝聚力，还能提升你作为领导者在公司内外的声誉。

四、指导培养

在职场社交中，展现下属的闪光点还包括对他们未来的规划与培养。主动与下属讨论职业发展路径，提供资源与机会帮助他们成长，比如推荐他们参加行业会议、提供培训课程或是安排导师辅导。当你的下属在你的指导下成长为行业内的佼佼者，他们的成功故事将成为你领导力的最佳案例，让你在职场社交中更加光彩夺目。

在职场的旅程中，真正的领导者懂得，个人的荣耀来自团队的辉煌。通过认可与分享、搭建平台、成果共享以及指导培养，你不仅能够展现团队的成果，还能让下属的闪光点为你的形象增色，进而在职场社交中树立起卓越的领导形象。记住，成功的领导者是那些能够发现并放大团队成员优点的人，他们在职场的舞台上，既是指挥家，也是最闪耀的明星。

第五章

影响力扩张

——成为不可忽视的存在

5.1

个人品牌的锻造：如何成为行业的“明星”

在当今这个快速变化、高度竞争的时代，职场如同一场马拉松，不仅考验着个人的专业技能，更检验着每个人的品牌建设智慧。随着企业重组、行业转型的步伐加快，个人在企业中的稳定性已大不如前，面对可能的裁员、转行甚至是自主创业的挑战，建立强大的个人品牌变得尤为重要。个人品牌的锻造，不仅能够为你的职业生涯铺路，还能在关键时刻成为抵御风险的坚实壁垒。接下来，我们将探讨如何在职场中打造属于自己的行业“明星”光环。

在企业中，我们常常依赖组织的平台来实现个人价值，但当组织架构发生变化，或行业环境发生动荡时，个人品牌的影响力就显得尤为关键。一个强大的个人品牌，能够带来诸多好处。

1. **提升可见度**：在行业内建立知名度，使你成为客户和同行眼中的首要人选。

2. **增加就业安全性**：即便面临裁员，拥有良好个人品牌的你也将更容易找到下一份工作，甚至能够吸引更好的职业机会。

3. **拓宽职业路径**：个人品牌能够打开新的职业大门，无论是转行、创业还是从事自由职业，都将成为可能。

4．**增强议价能力**：一个公认的行业专家，往往能够获得更高的薪酬和更优厚的工作待遇。

那么，我们要如何锻造个人品牌呢？

一、定义你的核心价值

明确你希望在行业中被认知的专长和优势。这可能是你的一项独特技能、一个深耕的专业领域或是某种创新思维模式。确保你的核心价值与市场需求相匹配，以便在众多从业者中脱颖而出。

二、扩大网络影响力

在小红书、今日头条、抖音、微博、知乎等专业平台上创建并维护你的个人资料。定期分享行业洞见、专业文章和个人成就，与同行建立联系，参与行业讨论，以此来提升你的网络可见度和影响力。

三、积极参与行业活动

无论是线上研讨会、行业会议还是专业论坛，积极参与并贡献你的专业知识。这不仅能帮助你建立行业人脉，还能让你的名字与专业知识紧密关联，提升个人品牌的专业度。

四、持续学习与成长

个人品牌的建立是一个持续的过程，需要你不断地提升自我，保持对行业最新动态的敏锐度。通过参加培训、获取证书、阅读专业书籍等方式，确保你的知识体系始终保持在前沿状态。

五、建立正面口碑

无论是与同事、客户还是合作伙伴的互动，都要保持专业、诚信和尊重。

正面的口碑能够让你在职场中建立起良好的信誉，这是个人品牌中最宝贵的资产。

在职场的征途上，个人品牌就如同你的专属名片，它不仅能为你打开新的机遇之门，还能助你抵御未知的风险。通过定义核心价值、扩大网络影响力、参与行业活动、持续学习与成长以及建立正面口碑，你将能够在行业内外树立起无可替代的“明星”形象。个人品牌的锻造是一场马拉松，需要持之以恒的努力与智慧，一旦成功，它将成为你职业生涯中最坚实的后盾。在不断变化的职场环境中，让你的个人品牌成为指引前行的灯塔，照亮你的职业道路，引领你走向更加辉煌的未来。

5.2

公开演说：用声音凝聚人心

在信息爆炸的当代社会，个人影响力已成为职场成功的关键要素之一。无论是作为塑造个人品牌的关键部分，还是职业发展所需，公开演说的能力都是不可或缺的。它不仅是思想与理念的传播渠道，更是个人魅力与领导力的展现舞台。从产品发布会的激情推介，到路演时的精准解说，乃至年终总结会上的鼓舞人心，每一次公开演说都是塑造个人影响力、拓展职业边界的良机。本节将深入探讨公开演说的重要性，并分享几个关键要点，助你在这个舞台上绽放光彩。

一、公开演说：职场影响力的核心

在职场的每一个转折点，公开演说都扮演着至关重要的角色，它有着诸多好处。

1. **提升个人影响力**：通过有效的公开演说，你能够向听众传达你的观点、理念和愿景，建立起个人品牌，成为行业内的知名人物。

2. **增强说服力**：无论是推销一个产品、推广一项政策，还是寻求资金支持，一场精彩的演说都能让你的观点更加深入人心，提高说服成功的概率。

3．**展现领导力**：领导者的演说往往能够鼓舞人心，激发团队的斗志，增强团队凝聚力，展现出领导者的魅力与智慧。

4．**促进职业发展**：在各种职场场合中，出色的公开演说能力能够让你在众多候选人中脱颖而出，为职业晋升和业务拓展打开新的窗口。

二、公开演说的要点

在职场的舞台上，公开演说不仅是个人影响力与领导力的展现，更是推动职业发展的重要工具。以下是精心提炼的公开演说要点，旨在帮助你提升演说技巧，让每一次发言都能成为一次成功的个人品牌展示。

1．明确目标与受众

（1）设定具体目标：在准备演说前，明确你的核心目标。你是想说服、教育、娱乐听众，还是仅仅为了分享信息。确定目标后，围绕这一目标构建你的演说内容。

（2）深入了解受众：研究你的听众群体，了解他们的年龄、职业、兴趣和知识水平。这将帮助你调整语言风格和内容深度，确保信息的准确传达和有效接收。

2．设计开场与结尾

（1）引人入胜的开场：以一个引人思考的问题、引人发笑的笑话或是一个引人共鸣的故事开始，立即抓住听众的注意力。开场白的几秒钟至关重要，务必让它精彩纷呈。

（2）印象深刻地结束：结尾应有力地重申你的核心信息，可以是一个强有力的呼吁、一个引人深思的引用或是一个简洁有力的总结。确保你的最后一句话在听众心中留下持久的印象。

3．使用框架与数据

（1）逻辑框架：将你的演说分为引言、主体和结论三个部分。在主体部分，按照逻辑顺序排列你的观点，确保每个观点之间有顺畅的过渡。

（2）故事与数据：用生动的故事和有力的数据支撑你的论点，这不仅能增强说服力，还能让信息更加生动有趣，易于记忆。

4．提前练习与模拟

（1）反复演练：在镜子前练习，录制视频回放，或是找朋友做听众，不断打磨你的演说直到完美。注意你的语速、语调和停顿，确保每个词都清晰有力。

（2）模拟现场：如果可能，提前熟悉演讲场地，了解麦克风和投影设备的使用，消除技术障碍带来的紧张感。

5．注意表情与身体

（1）肢体语言：保持开放的身体姿态，适时使用手势来强调你的观点，保持眼神交流，让听众感受到你的自信和诚意。

（2）面部表情：用微笑或严肃的表情来配合你的话语，使你的演说更加生动和真实。

6．处理紧张与意外

（1）心理准备：学会深呼吸和冥想技巧，帮助自己在紧张时保持冷静。记住，适度的紧张是正常的，它甚至可以转化为演讲的激情。

（2）应急计划：准备一些额外的幻灯片或备用故事，以防万一需要填补时间。对于可能出现的技术故障，提前了解如何重启设备或使用备用方案。

公开演说是一门艺术，也是一项技能，它需要时间和实践来完善。通过对上述要点的不断练习与应用，你将能够提升你的演说技巧，让你的声音在职场中响彻云霄，成为推动职业发展和个人品牌建设的强大动力。记住，每一次公开演说都是一次展示自我、影响他人、实现目标的机会，珍惜并充分利用这些宝贵时刻，让它们成为你职业道路上的闪亮里程碑。

5.3

社交媒体：如何利用平台扩大影响力

在数字时代，社交媒体已成为职场人士扩展个人影响力、建立专业形象的关键平台。无论是社交平台上的专业分享，还是微博、微信朋友圈中发表的行业见解，都能有效拓宽你声音的传播范围，让你与更多潜在的合作伙伴、行业同仁以及未来雇主建立联系。本节将探讨如何有效地利用社交媒体提升你的职场影响力，让个人品牌在网络世界的广阔舞台上熠熠生辉。

一、定位个人品牌

1. **明确目标**：你需要清楚地界定自己想要在社交媒体上塑造的形象，是行业专家、创新思想者，还是职场导师。明确的目标将指导你确定发布的内容类型和风格。

2. **保持一致性**：确保你在所有社交媒体平台上的个人资料、头像和简介保持一致，这有助于建立统一的个人品牌，让关注者能够轻松识别你。

二、分享优质内容

1. **原创与分享**：创造有价值的原创内容，如行业分析、个人见解或职场经验分享。同时，分享其他权威来源的高质量文章，这不仅能够丰富你的内容库，还能展示你对行业动态的关注。

2．**定期更新**：保持活跃，定期发布内容。这有助于维持你的在线存在感，同时也能够吸引并保持关注者的兴趣。

三、参与社群互动

1．**积极互动**：回复评论，参与话题讨论，点赞和转发相关帖子，这些都是与关注者建立联系的好方法。通过互动，你不仅能够扩大影响力，还能收集反馈，了解受众的兴趣点。

2．**专业社群**：你可以加入与你行业相关的专业社群或小组，积极参与讨论，这能够让你接触到行业内的关键人物，同时也有机会展示你的专业知识和见解。

四、利用数据分析

1．**跟踪数据**：利用社交媒体平台提供的分析工具追踪你的帖子表现，了解哪些类型的内容最受欢迎，哪些时间段发布更有效。

2．**优化策略**：根据数据分析结果调整你的内容策略和发布时间，以提高参与度和影响力。

五、保持网络礼仪

1．**保持专业**：即使在非正式的社交媒体平台上，也应保持职业形象。避免发布过于私人或有争议性的内容，以免损害你的专业形象。

2．**尊重他人**：在社交媒体上，尊重他人的观点，避免无意义的争论。即使是不同意的观点，也可以通过建设性的方式表达。

六、寻求跨界合作

1．**寻找合作机会**：与其他行业内的意见领袖或品牌合作，共同创作内容或举办线上活动，这能够帮助你接触到更广泛的受众群体，提升个人品牌的知名度和影响力。

2. **互惠互利**：建立合作伙伴关系时，确保双方都能够从中获益，这将有助于长期合作关系的建立。

在职场中，社交媒体不仅是个人品牌展示的舞台，也是建立网络、扩大影响力的工具箱。通过明确个人品牌定位、分享优质内容、参与社群互动、利用数据分析、保持网络礼仪以及寻求跨界合作，你将能够在数字平台上建立起强大的个人品牌，成为行业内外备受尊敬的影响力人物。记住，社交媒体的力量在于连接，通过持续的努力和策略性的规划，你将能够在这片广阔的网络空间中，发出属于自己的独特声音，让职业之路更加宽广。

5.4

成为意见引领者：如何成为行业先锋

在当今这个信息爆炸的时代，意见引领者成了社会舆论和行业趋势的先驱，他们凭借专业知识、独到见解和个人魅力，在各自的领域内拥有广泛的影响。本节将探讨意见引领者的概念、成为意见引领者的途径以及随之而来的责任与挑战，为职场人士提供一条成为行业先锋的道路。

一、意见引领者：定义与价值

意见引领者是指在某一领域内拥有深厚专业知识和广泛影响力的个人，他们能够通过社交媒体、专业平台或公共演讲等形式，分享观点、传授知识，对公众意见产生导向性影响。意见引领者有以下几个好处。

1. **建立个人品牌**：意见引领者的身份能够显著提升个人的知名度和权威性，有助于个人品牌的建立和维护。

2. **拓宽职业道路**：作为意见引领者，你将有更多的机会参与行业活动、担任顾问或讲师，甚至可能吸引投资，为职业发展开辟新的方向。

3. **影响行业趋势**：意见引领者能够影响行业内的决策和趋势，推动行业进步，有时甚至能够引领创新潮流。

二、如何成为意见引领者

1．深耕专业领域

（1）持续学习：保持对行业最新动态的关注，不断深化专业知识，确保你的见解始终处于行业前沿。

（2）实践经验：将理论与实践相结合，积累丰富的实战经验，这将使你的观点更具说服力。

2．构建个人品牌

（1）社交媒体运营：利用知乎、微博、小红书、今日头条、微信公众号等平台，定期分享专业见解和行业分析，与关注者保持互动。

（2）参与行业活动：出席行业会议、研讨会，发表演讲，这将增加你的曝光率，扩大影响力。

3．建立网络联系

（1）跨界合作：与其他领域的意见引领者或行业专家建立联系，开展合作，这将有助于你触达更广泛的受众。

（2）培养忠实粉丝：通过持续的价值输出，建立一批忠实的追随者，他们将成为你影响力的坚实基础。

三、意见引领者的责任与挑战

成为意见引领者，意味着你拥有巨大的影响力，这也伴随着相应的责任。

1．**传播正能量**：意见引领者应当输出积极正面的内容，倡导真善美，避免传播负能量或误导性信息。

2．**避免滥用权力**：切忌滥用公众影响力进行不正当的行为，如网暴、歧视或发表偏见言论，这将严重损害个人形象和社会形象。

3．**保持透明度**：在涉及利益相关的话题上，应当披露可能的利益冲突，保持公正和透明。

成为意见引领者，是一条充满机遇与挑战的旅程。它不仅能够提升个人在职场的影响力，还能为行业和社会带来积极的变化。然而，意见引领者的地位也伴随着责任，需要持续地输出正能量，倡导真善美，避免滥用公众影响力。在追求个人成就的同时，不忘初心，用知识和影响力为社会贡献价值，这才是意见引领者应有的担当。在成为意见引领者的路上，让我们一起前行，用智慧和责任感，引领职场的潮流，成为真正的行业先锋。

5.5

平衡与制约：防止影响力过度膨胀

在职场的广阔舞台上，影响力如同一盏聚光灯，聚焦在那些有能力改变他人观念、引导行业趋势的个人身上。这些具有影响力的人物，无论是行业领袖、意见引领者还是新兴的社交媒体明星，他们的一言一行都如同涟漪，能在职场社交圈中激起层层波澜，触及成千上万的追随者的心灵。这种影响力，就像一把锋利的“双刃剑”，既能成为传播正能量、启迪智慧的媒介，也可能在不慎之时，成为伤害他人、破坏和谐的利器。

近年来，随着社交媒体的兴起，我们目睹了无数例证，这些例子证明了影响力管理的必要性和紧迫性。明星、网红或其他公众人物，由于其广泛的影响力，往往在无意间成为网络暴力的触发点。一句轻率的言论、一次不当的行为，都可能在瞬间点燃网络的愤怒情绪，引发一波接一波的网络暴力浪潮，不仅伤害了无辜的个体，还破坏了网络社区的和谐氛围，对社会风气造成了不良影响。

所以，影响力管理迫在眉睫。影响力管理，意味着作为具有影响力的人物，需要对自己的言行负责，审慎地使用这份力量。这不仅是为了维护个人形象和职业声誉，更是为了履行社会责任，营造一个积极、健康、包容的职场及社会环境。

那么，我们应该如何进行影响力管理呢？

一、传播正能量

1．**倡导正面价值观**：利用网络平台，传播积极向上的价值观，鼓励创新、尊重、诚信和团队合作，激发正能量，提升社会道德水准。

2．**分享个人成长经验**：公开分享个人的成功与失败经验，讲述如何克服挑战、持续学习的故事，激励他人面对困难时不轻言放弃。

二、避免不当言论

1．**谨慎发言**：在公开场合或社交媒体上发言前，深思熟虑，避免使用可能引起争议或伤害他人感情的词语。

2．**尊重多样性**：倡导尊重不同的文化和观点，避免任何形式的歧视和偏见，促进对多元文化的理解和接纳。

3．**公开道歉与改正**：一旦意识到自己的言论或行为可能造成负面影响，应勇于承认错误，公开道歉，并采取措施进行改正，以此作为示范，教育他人如何负责任地对待自己的影响力。

三、引导理性讨论

1．**促进健康对话**：鼓励追随者参与理性的讨论，提倡基于事实的辩论，避免情绪化的争吵，共同维护网络空间的文明秩序。

2．**引导粉丝行为**：通过自己的影响力，引导粉丝辨别信息的真实性，培养批判性思维，禁止盲目跟风，避免成为谣言的传播者。

四、防止影响力过度膨胀

1．**持续学习与成长**：保持谦逊的态度，认识到自己的知识和见识有限，不断学习新知，拓宽视野，避免因知识陈旧而误导他人。

2．**倾听不同声音**：主动寻求并尊重来自不同背景的声音，尤其是那些可能与自己观点相左的意见，这有助于打破思维定式，获得更全面的视角。

3．**自我反思与修正**：定期进行自我反思，评估自己的言行是否符合社会责任的要求，是否有不当之处，勇于承认错误并及时纠正。

4．**倡导理性表达**：在社交媒体上，鼓励粉丝和追随者理性发言，避免情绪化的表达，共同营造健康、理性的讨论氛围。

5．**设置界限与规则**：明确界定自己的影响力范围，对于粉丝的过分追捧或盲从应设立界限，引导他们独立思考，避免盲目地崇拜和跟随。

6．**培养批判性思维**：教育追随者培养批判性思维，学会从多个角度分析问题，不轻易接受未经证实的信息，避免成为谣言的传播者。

总之，影响力是一种强大的力量，但同时也是一份沉重的责任。作为职场中的意见引领者或有影响力的人物，我们需要时刻警惕影响力的过度膨胀，通过不断学习、自我反思和合理引导，确保我们的影响力能为社会带来正面的影响，而不是成为破坏和谐的工具。在追求个人成就的同时，更要注重社会责任，用我们的影响力推动职场乃至整个社会向更加健康、理性的方向发展。

在职场社交中，影响力不应成为权力的滥用，而应是智慧与责任的体现。作为具有影响力的人物，我们有义务用我们的声音传播正能量，用我们的行动引领正向的趋势，用我们的影响力构建一个更加和谐、理性和包容的社会。让我们携手，共同守护这份珍贵的影响力，使之成为推动职场进步、社会发展的强大动力，而非伤害与分裂的源头。在影响力管理的道路上，我们的每一步都需谨慎，每一次发声都应充满智慧与爱，努力创造一个更加美好的职场与社会环境。

聚心法则

第六章

领导的聚心艺术

——驾驭人心

6.1

领导风格的选择：哪种风格最适合你

在职场中，领导风格不仅决定了团队的氛围和效率，还直接影响着组织的长期发展。理解并选择合适的领导风格，对于每一位领导者来说都是至关重要的技能。本节将探讨领导风格的基本概念，介绍几种常见的领导风格，并提供选择个人领导风格的指导原则。

一、什么是领导风格

领导风格指的是领导者在指导、激励和管理团队时所采用的一系列行为模式和策略。它反映了领导者的价值观、决策方式、与团队成员的互动方式以及对权力的运用方式。不同的领导风格适用于不同的场景，并且能够影响团队成员的工作满意度、团队绩效以及组织文化。

二、常见的领导风格

1. **指令型领导**：这种风格的领导者倾向于给出明确的指示，期望团队成员严格遵循命令。这种风格适用于需要快速决策和执行的紧急情况，然而，长期来看，可能会抑制团队的创新性和主动性。

2. **民主型领导**：民主型领导者鼓励团队成员参与决策过程，重视团队的集体智慧。这种风格能够提升团队的归属感和满意度，促进创新，但决策过程可能较为缓慢。

3. **变革型领导**：变革型领导者通过激发团队成员的潜能和热情，推动团队向更高的目标迈进。这种风格能有效创造共同愿景、激励团队成员超越自我，但需要领导者有较高的情商和沟通技巧。

4. **服务型领导**：服务型领导者将服务团队成员和满足团队需求放在首位，通过支持和赋能团队成员来达成团队目标。这种风格能够建立高度的信任和忠诚度，但可能需要牺牲个人的短期目标。

5. **放任型领导**：放任型领导者给予团队成员极大的自由度，不过多干涉。这种风格适用于高度自主和成熟的团队，但在缺乏明确指导时可能导致混乱。

三、我们如何选择自己的领导风格

1. **自我反思**：先了解自己的个性、价值观和优势。你是倾向于控制，还是倾向于支持？你喜欢快速决策还是集体讨论？这些问题的答案将帮助你初步定位自己的领导风格倾向。

李杰是一位项目经理，他发现自己在面对复杂项目时，倾向于迅速做出决策，以保证项目的顺利推进。然而，在团队建设与日常管理中，他更愿意倾听团队成员的意见，鼓励大家参与决策过程。通过自我反思，李杰意识到自己在不同情境下，展现出的领导风格有所区别，既有指令型的果断，也有民主型的包容。这种自我认知，让他能够根据项目阶段和团队状态，适时调整自己的领导方式。

2. **情境适应**：考虑你所处的具体情境，包括团队的成熟度、任务的性质、组织文化等因素。不同的情境可能需要不同的领导风格。例如，在紧急项目中，指令型领导可能更有效；而在创新项目中，民主型或变革型领导可能更合适。

在一家快速成长的科技公司，赵敏作为产品经理，她带领团队开发一项创新型产品。为了激发团队的创造力和协同精神，赵敏展现了变革型领导风格，通过设定宏伟的目标和愿景，激发团队成员的潜能和热情。而在产品即将上市的关键时期，面对时间紧迫和资源有限的挑战，赵敏则转变为指令型领导，以确保团队能够迅速响应，高效执行，最终成功推出产品。这种根据项目不同阶段调整领导风格的做法，体现了情境适应性的重要性。

3. **灵活调整**：理想的领导者应该具备一定的灵活性，能够根据不同的情况调整自己的领导风格。这意味着，你可能需要在不同的领导风格之间切换，以适应不同的需求和挑战。

王鹏是一位资深的部门经理，他所在的企业文化强调团队合作与创新。面对一个由新手和资深员工混合组成的团队，王鹏展现了混合型领导风格。对于新员工，他更多地扮演导师的角色，展现教练型领导风格，提供指导和培训，帮助他们快速成长。而对于资深员工，他则展现授权型领导风格，给予他们更大的自主权，鼓励他们承担更多责任，发挥领导潜能。这种根据不同团队成员的需求和能力，灵活调整领导风格的方法，促进了团队整体效能的提升。

4. **学习反馈**：领导风格不是一成不变的，它需要随着经验和情境的变化而不断调整。持续学习新的领导理论，从团队成员和其他领导者那里获取反馈，可以帮助你不断提升自己的领导能力。

张华是一名刚刚晋升的团队负责人，她意识到自己的领导风格还有待提高。为此，张华制订了个人发展计划，定期参加领导力培训，阅读相关书籍和文章，不断提升自己的理论知识。同时，她也非常重视团队成员的反馈，通过匿名调查和一对一谈话，收集团队对她的领导方式的看法和建议。张华将这些反馈视为宝贵的资源，用于自我反思和改进，逐步形成了既符合个人特质，又能适应团队需求的领导风格。

选择合适的领导风格，是每一位领导者成长过程中的必修课。通过自我反思、情境适应、保持灵活性以及持续学习与反馈，你将能够找到最适合自己的领导方式，不仅能够提升个人的领导效能，还能促进团队和组织的健康发展。记住，领导力的本质在于服务他人，通过采用与团队特点和任务需求相匹配的领导风格，能够激发团队的最大潜力，共创美好未来。

6.2

构建愿景：如何打造凝聚人心的未来蓝图

某汽车品牌在我国新能源汽车制造行业中占据着首屈一指的位置，其创始人在公司成立之初就提出了一个宏伟的愿景："通过技术创新，推动新能源汽车的普及，实现绿色出行的梦想。"这个愿景不仅简单明了，而且富有感染力，它激发了团队成员的热情，使他们愿意为之奋斗。

其创始人不仅设定了这个愿景，还通过一系列实际行动来践行它。他鼓励团队不断创新，研发高效能的电动汽车和电池技术，并致力于打造一个可持续发展的交通生态系统。随着时间的推移，该汽车公司不仅成为中国最重要的新能源汽车制造商，还在全球范围内推广其绿色出行的理念。

该汽车品牌通过构建这样一个清晰而鼓舞人心的愿景，不仅激励了团队成员，还吸引了众多投资者和支持者的关注，共同为实现绿色出行的梦想而努力。

该汽车品牌的"绿色出行"理念，不仅是一个关于心理暗示的故事，更蕴含着愿景构建的智慧——一种能够让人们看到希望，并为之奋斗的力量。

在职场的战场上，领导者若想带领团队走向胜利，需要学会构建愿景，让团队成员愿意追随自己为团队构建的梦想。愿景不仅是未来的蓝图，更是激发人心、凝聚力量的磁石。那么，如何构建一个具有真实感、能够吸引人们追随的愿景呢?

一、洞察未来趋势

优秀的领导者必须具备前瞻性，能够预见行业的发展方向，理解市场和社会的潜在需求。基于对未来的深刻洞察，构建一个清晰、有吸引力的愿景。

二、明确核心价值

愿景不仅仅是目标的罗列，它还必须与公司的核心价值观紧密相连，反映企业存在的意义。这样的愿景才能触动人心，让人产生共鸣。

三、描绘细节场景

愿景不应仅仅是空洞的口号，而应是具体化的，让每个人都能在心中勾勒出一幅生动的画面。比如，描述实现愿景后的具体场景，包括工作环境、客户体验、社会影响等，让愿景变得鲜活、真实。

四、强化情感连接

愿景应当激发人们的激情和归属感。通过讲述故事、分享个人经历等方式，与团队成员建立情感上的联系，让他们相信愿景是可以实现的，从而激发他们内心的渴望。

五、制定实施路径

愿景虽美好，但如果没有可行的行动计划，就只能沦为空中楼阁。要明确短期和长期目标，设定关键里程碑，为团队提供清晰的方向和行动指南。

六、结合实际利益与愿景

构建愿景的过程中，仅仅有宏伟的梦想是不够的。领导者还需要关注团队成员的现实需求，确保愿景与实际利益相结合。这意味着要在追求长远目标的同时，提供短期的激励和回报，比如职业发展机会、合理的工作条件、奖励机制等。这样，愿景才不会成为遥不可及的“大饼”，而是成为引领团队前行的真实动力。

正如上述汽车公司的员工们因“绿色出行”而燃起斗志，职场中的领导者也应通过构建真实感强烈的愿景，激发团队的潜力，带领大家共同迈向成功。在这个过程中，保持愿景与现实的紧密连接，让每个人都能从中受益，这样才能构建起真正具有吸引力和凝聚力的愿景，让人们心甘情愿地追随你的梦想，共创辉煌。

愿景构建是领导者的一项重要技能，它能够激发团队的无限潜力，引领组织朝着既定目标前进。通过结合历史智慧与现代管理学原理，我们能够更好地理解愿景构建的本质，将其运用到实际工作中，创造属于我们自己的“望梅止渴”故事，让梦想照进现实，让团队充满活力，共同书写职场的精彩篇章。

6.3

人才管理：如何让优秀的人才为你所用

在当今竞争激烈的商业环境中，人才被视为最宝贵的资源之一。优秀的领导者不仅要善于发现人才，更要懂得如何管理和激励这些人才，使其发挥最大潜能，为组织创造价值。从心理学的角度出发，人才管理涉及个体的需求、动机、情绪以及归属感等多个层面。本节将探讨如何运用心理学原理，构建有效的领导力策略，吸引并留住顶尖人才。

一、激发内在动机

根据心理学家爱德华·德西和理查德·瑞安提出的自我决定理论，人的行为动机可以分为外在动机和内在动机。内在动机指的是由个人兴趣、好奇心和成就感驱动的行为，外在动机则通常与奖励或避免惩罚相关。优秀的领导者应该注重激发员工的内在动机，通过赋予有意义的工作、提供成长机会和认可个人贡献来增强员工的自我效能感和工作满意度。

小米公司是一家中国知名的科技公司，以其创新的产品和独特的营销策略而闻名。小米公司每年都会举办“米粉节”，这是一个专门为小米粉丝和员工设立的节日。在这一天，小米公司鼓励员工参与到产品开发和创新中来，许多员工会提出自己的创意和想法，甚至有机会将这些想法转化为实际的产品特性。这种做法激发了员工的内在动机，不仅增强了员工的自我效能感和工作满意度，还促进了小米产品的创新和改进。

二、建立信任与尊重

心理学研究表明，信任和尊重是团队合作和高效表现的基础。领导者应当通过开放沟通、公平决策和透明度来建立信任。此外，尊重员工的意见和个性差异，给予他们足够的自主权，可以增强团队的凝聚力，让人才感受到被重视和尊重，从而更加投入工作。

Zappos，一家以客户服务著称的在线鞋店，其创始人谢家华非常重视企业文化中的信任与尊重。公司实行扁平化管理，鼓励员工之间的开放沟通，甚至给予员工自助安排休假时间的权利。这种高度的信任和尊重不仅增强了团队凝聚力，还大幅提升了员工的工作积极性和客户服务水平。

三、理解情绪与感受

情商是指识别、理解和管理自己及他人情绪的能力。高情商的领导者能够感知团队的情绪状态，及时解决冲突，促进积极的工作氛围。同理心则是理解和支持他人感受的能力，当领导者展现出同理心时，能够建立更深层次的人际关系，使员工感到被理解和支持，这对于提高人才的忠诚度和幸福感至关重要。

Salesforce 的 CEO 马克·贝尼奥夫是情绪智能和同理心的典范。面对特定时期员工的心理压力，他启动了心理健康支持计划，提供免费咨询和休息日，展现了对员工情感状态的高度关注。这种关怀不仅提高了员工的幸福感，还增强了团队的韧性，帮助公司顺利渡过危机。

四、设定目标与期望

心理学家维克多·弗鲁姆的目标设置理论指出，具体且有挑战性的目标能够提升个人绩效。领导者应当与员工一起设定明确、可达成的职业目标，并定期回顾进度，提供反馈和指导。同时，确保目标与组织的战略目标一致，有助于人才看到自己的工作与公司愿景之间的联系，从而增强其参与感和归属感。

Intel 的前 CEO 安迪·葛洛夫是目标设置理论的忠实实践者。他推行了 SMART 原则（具体、可测量、可达成、相关性、时限性），确保每个团队成员都明确自己的目标和期望。这种做法不仅提升了个人绩效，还加强了团队与公司战略目标的一致性，促进了 Intel 的持续创新和市场领先地位。

五、提供学习与发展机会

人才渴望成长和进步，因此，领导者应提供丰富的学习资源和发展机会，如培训课程、导师计划和跨部门轮岗等。这不仅有助于提升员工的技能和知识，还能展示组织对个人职业发展的承诺，从而吸引更多优秀人才加入并长期留在组织内。

某知名互联网公司通过其创办的学院为员工提供了广泛的在线学习资源和职业发展路径。从技术培训到领导力课程，它致力于帮助员工提升技能，实现职业目标。这种对个人成长的承诺吸引了全球各地的顶尖人才，同时也巩固了该公司在电子商务领域的领导地位。

人才管理是一项复杂而精细的艺术，它要求领导者具备深厚的领导力和心理学素养。通过运用上述心理学原则，领导者可以创建一个积极、包容和高效的工作环境，让优秀的人才能够充分发挥潜力，为组织的成功贡献力量。在“人才为王”的时代，掌握这些策略，将成为你在职场竞争中脱颖而出的关键。

6.4

领导者的道德底线：权力与责任的平衡

在瞬息万变的商业世界中，领导者不仅需要具备卓越的管理技能和战略眼光，更重要的是，他们必须坚守道德底线，正确处理权力与责任的关系。权力是领导者影响他人、推动变革的工具，责任则是对权力使用的约束和规范。在权力与责任之间找到平衡，是每一位领导者面临的重大课题。

一、权力的“双刃剑”

权力能够为领导者带来实现愿景所需的资源和影响力，但同时也是一把“双刃剑”。不当的权力行使会导致滥用职权、腐败和不公，损害组织的长期利益，侵蚀团队的信任与凝聚力。因此，领导者要认识到，权力越大，责任也越大，必须谨慎行事，以确保权力服务于组织的共同目标和道德准则。

二、道德底线的意义

领导者的道德底线，是指在任何情况下都应遵守的基本道德原则和行为标准。这包括但不限于诚实、公正、尊重他人、承担责任和追求可持续发展。道德底线不仅是个人品格的体现，也是组织文化的核心，它为领导者在复杂多变的商业环境中做出决策提供了坚实的道德依据。

三、权力与责任的平衡之道

1．**自我反省与自我约束**：领导者应定期进行自我反省，检查自己的行为是否符合道德底线。同时，建立一套自我约束机制，如设定个人道德准则、接受团队监督、进行外部审计等，以防止权力滥用。

2．**透明与公正**：透明度是防止权力滥用的关键。领导者应确保决策过程的透明，公开权力行使的理由和依据，从而确保公正性，避免偏袒和利益冲突。

3．**道德与行为**：道德领导力意味着领导者不仅关注业务成果，更注重道德行为的示范作用。通过言行一致，领导者能够树立正面榜样，引导团队成员遵循高标准的道德规范。

4．**倾听与尊重**：尊重团队成员的意见和感受，倾听不同的声音，能够帮助领导者从多角度审视问题，避免决策偏差，同时也是对团队成员价值的认可和尊重。

5．**持续教育与培训**：领导者应参与道德与伦理相关的教育和培训，增强自身对道德底线的理解，提升实践能力。同时，为团队成员提供道德教育，强化整个组织的道德意识。

在权力与责任的天平上，道德是确保其平衡的砝码。领导者唯有坚守道德底线，才能在权力的诱惑面前保持清醒，做出有利于组织长期发展的决策。在领导力的征途上，道德是最高尚的旗帜，它不仅指引方向，更凝聚人心。让我们共同努力，构建一个既高效又道德的领导力文化，为组织和社会的可持续发展贡献力量。

后记

把握领导力分寸：坚守凝聚人心的道德准则

在职场环境中，权力是一种无形却无处不在的力量，它能够影响决策、塑造文化，甚至左右个人的职业轨迹。作为领导者或管理者，掌握权力的同时，也肩负着重大的责任——避免权力的滥用，确保其被用于正当目的。聚心法则，本意是通过建立更紧密的团队联系来提高工作效率和员工满意度，但如果缺乏道德约束，就可能滑向操纵他人或对他人产生不正当影响的深渊。

一、权力与道德责任：构建职场的正义基石

在职场的广阔天地中，权力既是领导力的象征，也是责任的载体。正确行使权力，不仅关乎个人的道德修养，更影响着团队的凝聚力、组织的健康发展以及整个行业的道德风貌。以下是权力与道德责任结合的几个关键方面，旨在为职场中的领导者提供指引，确保权力的行使既能促进团队成长，又能维护组织的正义与公平。

1．透明度与公正性：权力的阳光法则

（1）决策透明：领导者应确保决策过程的透明度，公开讨论决策的依据和理由，让团队成员了解决策背后的考量，增强决策的可信度和接受度。

（2）环节公正：在资源分配、职位晋升等关键环节，遵循客观、公正的标准，避免个人偏好或利益关系干扰，确保每个成员都有公平竞争的机会。

（3）监督公开：构建内外部监督体系，定期审查权力行使的合规性，引入第三方审计或设立员工申诉渠道，保障组织决策的公正性和透明度。

2．倾听与尊重：构建信任的桥梁

（1）主动倾听：领导者应定期安排“开门时间”，鼓励团队成员分享意见和担忧，创造一个开放、包容的沟通环境，让每个人的声音都能被听到。

（2）尊重差异：认识到团队成员的多样化背景和观点，尊重每个人的独特性，避免刻板印象或偏见，促进团队内的相互理解和尊重。

（3）反馈循环：建立正向反馈机制，对团队成员的贡献给予及时的认可和奖励，同时也鼓励建设性的批评，促进个人和团队的持续成长。

3．目标导向与团队共识：引领共同愿景的前提

（1）明确目标：与团队成员共同制定具体、可衡量的短期和长期目标，确保每个人都了解自己的工作，努力为团队目标和组织愿景做出贡献。

（2）建立共识：通过团队会议、工作坊等形式，促进团队成员之间的沟通与协作，确保团队共识的形成，减少误解和冲突，增强团队的凝聚力。

（3）灵活调整：在目标执行过程中，保持灵活性，根据外部环境和内部情况的变化，适时调整目标和策略，确保团队始终朝着共同的方向前进。

4．个人成长与职业发展：投资未来的种子

（1）职业路径规划：为团队成员提供清晰的职业发展路径，包括培训、辅导和晋升机会，帮助他们规划职业生涯，提升个人竞争力。

（2）个性化成长计划：根据每个成员的特长和兴趣，设计个性化的成长计划，提供定制化的培训资源，鼓励个人潜能的发掘和实现。

（3）持续教育支持：鼓励终身学习，为团队成员提供在线课程、研讨会和行业交流的机会，保持团队的知识更新和技能升级。

在职场中，权力的正确行使是领导者道德责任的体现。通过坚持透明度与公正性，做到倾听与尊重，实现目标导向与团队共识，关注个人成长与职业发展，领导者不仅能够构建一个高效、和谐的工作环境，还能赢得团队成员的尊

敬和信任，为组织的长期成功奠定坚实的基础。在权力的阳光下，让我们共同致力于构建一个更加公正、开放、包容的职场文化，让每个人都能在其中茁壮成长，共创辉煌。

二、聚心法则的道德界限

1．避免操纵与诱导：情感与信任的基石

（1）真诚互动：与团队成员的沟通应基于真诚和开放，避免使用策略性的话语来诱导或操纵他人的情感，建立基于真实和信任的人际关系。

（2）避免虚假承诺：不做出无法兑现的承诺，确保所有的激励和奖励都是基于明确的绩效指标和组织政策，避免因期望落空而导致的信任破裂。

2．保持界限与距离：专业与个人的平衡

（1）明确界限：领导者应设定清晰的工作与个人生活的界限，避免在工作场所过度分享个人事务，同时尊重团队成员的隐私和界限。

（2）避免偏袒：在处理团队内部关系时，保持中立和公正，避免因个人喜好而给予某些成员特殊待遇，确保团队环境的健康与和谐。

3．促进公平与机会均等：公正与透明的权力分配

（1）公平竞争：确保所有团队成员都有平等的机会参与项目、接受培训和晋升，避免基于个人关系或偏好的资源分配，维护团队的公平竞争环境。

（2）透明决策：在涉及团队成员利益的重大决策上，保持透明度，解释决策背后的原因和依据，增强团队成员对决策过程的信任和接受度。

4．维护法律与伦理标准：合规与道德的双重底线

（1）遵守法规：所有行为都应严格遵守相关法律法规，包括劳动法、反歧视法等，确保权力行使的合法性。

（2）道德准则：建立一套明确的道德准则作为组织行为的指导原则，避免任何有损组织声誉或员工权益的行为发生。

在职场中，领导者在行使权力时，应时刻谨记道德界限的存在，避免落入

操纵与偏袒的陷阱。通过真诚互动、保持专业界限、促进公平机会以及遵守法律与伦理标准，领导者不仅能赢得团队成员的尊重和信任，还能构建一个健康、公正、充满活力的工作环境。在权力与道德之间，真正的领导力在于如何在凝聚人心的同时，坚守道德高地，引领团队向着共同的目标稳步前进。

朋友们，要知道，在任何组织或社会结构中，权力与道德之间的平衡都是至关重要的。权力赋予个体或集体影响力和决策权，道德则是指导这些权力行使的准则。一个有效的领导者或管理者不仅需要具备行使权力的能力，还必须拥有高尚的道德品质。

在行使权力时，领导者应该始终坚守道德底线，确保自己的决策既合法又合乎伦理。这意味着在面对利益冲突、资源分配和决策制定时，要遵循公正、公平和透明的原则。同时，领导者还应该发挥榜样作用，通过自己的行为来引导和激励团队成员遵守高标准的道德规范。

权力与道德之间的平衡不仅关乎个人的职业生涯，也是组织文化和声誉的基石。当权力与道德相辅相成时，能够创造出一个健康、积极的工作环境，促进组织的长期发展和成功。

在职场社交中，领导者既要追求团队效率和业绩，又要坚守道德底线，避免滥用权力，谨慎运用心理学知识和人际交往技巧。通过建立一个基于尊重、公正和透明的工作环境，领导者能够赢得团队成员的真心拥护，促进组织的长期发展和员工的个人成长。在权力与道德之间找到平衡，不仅能够避免潜在的法律风险和道德谴责，更能构建一个健康、积极、可持续的职场生态，让每个个体都能在这个职场生态中实现自我价值，共同创造更加美好的未来。